La vie en rose

Meine Großmutter Mamie in den dreißiger Jahren

Für Amandine und Joël

Murielle Rousseau-Grieshaber

La vie en rose

*Die wunderbaren süßen Rezepte
meiner französischen Familie*

Illustrationen und Gestaltung
von Stefanie Roth

In einem Pariser Café

Gerstenberg Verlag

ENCYCLOPÉDIE ILLUSTRÉE

YGIENE ALIMENT

Sommaire
Inhalt

Avant-propos
Ein Wort vorweg 12

Chapitre un

Gâteaux du lundi de Mamie
Mamies Montagskuchen 16

Gâteaux du lundi
Montagskuchen

Brioche parisienne *Pariser Brioche* 18
Gâteau marbré *Marmorkuchen* 19
Gâteau de semoule à la mode de Mamie
Grießkuchen nach Art meiner Großmutter 21
Gâteau aux raisins *Rosinenkuchen* 22
Pain d'épices au miel de Bretagne
Honigkuchen aus der Bretagne 23
Gratin aux cerises *Kirschauflauf* 24
Gâteau aux pommes normandes
Klassischer Apfelkuchen aus der Normandie 25
Chaussons aux pommes *Apfel-Blätterteigtaschen* 26
Gâteau aux bananes *Bananenkuchen* 28

Petit plus:
Coulis de fruits frais
Fruchtcoulis (Fruchtsauce zum Dazureichen) 29

Sommaire

Chapitre deux

Cognac, noix et autres trésors de la douce Charente
Cognac, Walnüsse und andere Schätze der lieblichen Charente 32

Chapitre trois

La récolte des fruits dans le grand jardin de Pierrette
Obsternte in Pierrettes großem Garten 40

Tartes et tartelettes
Tartes und Tartelettes

Tarte au riz   *Reis-Tarte* 42
Tarte à la rhubarbe   *Rhabarber-Tarte* 44
Tarte aux groseilles meringuée   *Johannisbeer-Baiser-Tarte* 45
Tarte aux quetsches   *Pflaumen-Tarte* 47
Tarte au miel, au pain d'épices et aux mirabelles de la Sarthe
Honig-Mirabellen-Tarte aus der Sarthe 48
Tarte Bourdaloue à la frangipane et aux poires
Tarte Bourdaloue mit Mandelcreme und Birnen 49
Tarte aux poires épicées
Karamellisierte Tarte mit Rotweinbirnen 50
Tarte alsacienne couverte de pommes
Elsässische gedeckte Apfel-Tarte 52
Tarte aux figues et framboises   *Feigen-Tarte mit Himbeeren* 53
Tartelettes aux noix caramélisées
Tartelettes mit karamellisierten Walnüssen 54
Tarte aux châtaignes d'Ardèche
Maronen-Tarte aus der Ardèche 56
Tarte aux amandes, fruits secs et crème pâtissière
Karamellisierte Tarte mit Mandeln, Trockenfrüchten und Milchcreme 58
Tartelettes au citron du pays niçois   *Zitronen-Tartelettes aus Nizza* 60

Petit plus:
Sucre vanillé et sucre à la cannelle   *Vanillezucker und Zimtzucker* 61

Inhalt

Chapitre quatre

Thé de quatre heures chez Madeleine
Bei Madeleine zum Tee 64

Petit gâteaux, biscuits et galettes
Kleingebäck und Kekse

Madeleines *Madeleines* 68
Financiers de Sully *Kleingebäck aus Sully* 69
Amandines *Mandelküchlein* 71
Biscuits à la cuillère *Löffelbiskuits* 72
Meringues *Gebackene Baisers* 73
Macarons de Saint-Émilion *Makronen aus Saint-Émilion* 74
Macarons à la rose *Rosenmakronen* 75
Plaisirs au café *Kaffee-Petits-Fours* 76
Petits fours napolitains *Petits Fours neapolitanische Art* 78
Comtesses *Comtessen-Taler* 79
Galettes bretonnes *Bretonische Butterkekse* 80
Langues de chat *Katzenzungen* 81
Tuiles aux amandes *Mandelkekse* 83
Palets de Dame aux raisins de Corinthe *Korinthenkekse* 84
Biscuits au citron *Zitronenkekse* 85
Galettes à la mandarine *Mandarinenkekse* 86

Petit plus:
Sirop de framboises ou de coings
Himbeer- oder Quittensirup 87

Chapitre cinq

Les plaisirs de la table
Die Freuden des Tischdeckens 90

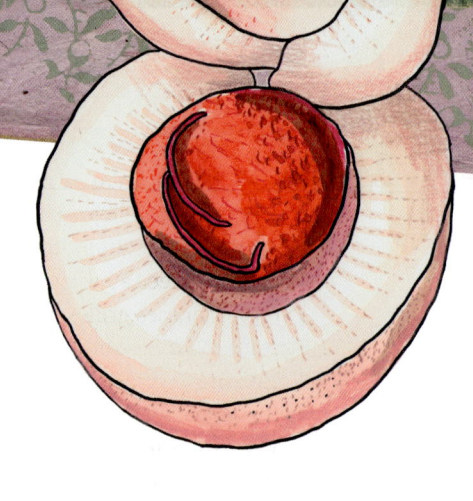

Chapitre six

Faire la fête!
Feste feiern! 96

Gâteaux de fêtes
Festtagskuchen und -torten

Gâteau de Pâques   *Osterkuchen*   100
Charlotte aux fraises   *Erdbeer-Charlotte*   101
Fraisier   *Festlicher Erdbeerkuchen*   102
Gâteau d'oranges   *Orangenkuchen*   104
Génoise au Kirsch   *Kirschwasserkuchen*   105
Baba lorrain glacé au rhum   *Glasierter Lothringer Rum-Baba*   106
Bûche de Noël chocolat-cognac
Weihnachtstorte mit Schokolade und Cognac   108
Moka de fête   *Mokkatorte*   110

Petit plus:
Décoration au caramel   *Karamelldekoration*   111

Chapitre sept

Violettes, graines de pavot et roses dans la pâtisserie
Veilchen, Mohn und Rosen in der Patisserie   114

Chapitre huit

Douce France – desserts sucrés!
Liebliches Frankreich – süße Desserts   122

Compotes, mousses et glaces
Desserts

Compote de reines-claudes meringuée
Reineclaudenkompott mit Baiser   124

Inhalt

9

Reines-claudes à l'armagnac   *Reineclauden mit Armagnac*   125
Poêlée de mirabelles au citron
Karamellisierte Mirabellen mit Zitrone   126
Figues gratinées à l'estragon   *Überbackene Feigen mit Estragon*   127
Pamplemousses grillés et caramélisés
Gegrillte und karamellisierte Pampelmusen   128
Crème brûlée ardéchoise   *Crème brûlée aus der Ardèche*   130
Mousse au café   *Kaffeemousse*   131
Mousse à l'orange   *Orangenmousse*   132
Glace au caramel   *Karamell-Eis*   133
Glace aux noisettes   *Haselnuss-Eis*   135
Sorbet à la mangue   *Mangosorbet*   136
Sorbet au Calvados   *Calvadossorbet*   137
Granité au miel   *Honig-Eissplitter*   138

Petit plus:
Citronnette   *Zitronengetränk*   139

Chapitre neuf

Charlotte et son penchant pour le chocolat
Charlotte und ihre Schokoladen-Nase   142

Desserts au chocolat
Schokoladendesserts und -gebäck

Pots de crème au chocolat   *Schokoladencremetöpfchen*   146
Crème au chocolat à la mode de Mamie
Schokoladendessert nach Art meiner Großmutter   147
Profiteroles fourrées à la crème
Windbeutel mit Sahne und Schokoladensauce   148
Tarte au chocolat   *Schokoladentarte*   151
Flan au chocolat   *Schokoladenflan*   152
Le moelleux au chocolat   *Zarter Schokoladenkuchen*   153
Pavé au chocolat noir amer et aux épices douces
Schokoladen-Gewürzkuchen   154

Biscuit au chocolat noir amer
Biskuittorte mit Schokocremefüllung 155
Délice au chocolat avec sauce orange-chocolat
Schokoladentraum mit Orangen-Schokoladensauce 156
Palets au chocolat noir amer et à l'orange
Schoko-Orangenkekse 157

Chapitre dix

Lait et miel à la campagne
Milch und Honig auf dem Lande 160

Chapitre onze

Les sucreries et les confitures de l'arrière arrière grand-mère Joséphine
Ur-Urgroßmutter Joséphines Süßigkeiten und Marmeladen 168

Confitures, gelées et sucreries
Marmeladen, Gelees und Süßigkeiten

Confiture de fraises *Erdbeermarmelade* 171
Confiture de rose *Rosenmarmelade* 172
Confiture de framboises et d'oranges
Himbeer-Orangen-Marmelade 173
Confiture de mirabelles de la Sarthe
Mirabellenmarmelade aus der Sarthe 174
Gelée de coings *Quittengelee* 176
Confiture d'oranges de Provence
Provenzalische Orangenmarmelade 177
Confiture de lait *Vanillecreme* 178
Truffes au chocolat noir amer et à l'Armagnac
Schokoladentrüffel mit Armagnac 179
Pâtes de fruits *Geleefruchtwürfel* 180
Caramels mous au beurre
Weiche Butterkaramellbonbons 181

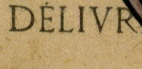

Inhalt
11

Caramels au chocolat et au beurre salé
Karamellbonbons mit Schokolade und gesalzener Butter 182
Bonbons à la rose *Rosenbonbons* 183

Recettes par ingrédient *Rezepte nach Zutaten* 185
Recettes par ordre alphabétique *Rezepte alphabetisch* 188

Meine Großeltern Mamie und Papie

Avant-propos
Ein Wort vorweg

Les optimistes et les gourmands vivent plus longtemps.
Jean Anthelme Brillat-Savarin, 1825

Bevor ich Frankreich mit 19 Jahren verließ, um mein Studium in Deutschland fortzusetzen, war mein Zuhause in Saint-Germain-en-Laye westlich von Paris. Hier wuchs ich auf. Die Wochenenden verbrachten wir immer in unserem bäuerlichen Landhaus in Semur-en-Vallon im Departement Sarthe. Und in Segonzac, einem Dörflein bei Cognac, stand unser altes Familienhaus, das Haus meiner Urgroßeltern Carraud. Manchen Sommer verbrachten wir dort oder, wie Tausende anderer Pariser, in den Häusern von Freunden an den Küsten der Bretagne oder der Normandie.

Mit meinem französischen Zuhause verbinde ich Kochen und Bekochtwerden, Gastfreundschaft, Savoir-vivre und Laissez-faire, Lebenskunst und Lebenlassen. Es sind diese schlichten Werte, die uns wichtig sind. Werte, die in einer Lebenseinstellung gründen, die man mit *la vie en rose* umschreiben kann. Wir führten diese alte Redewendung (»alles durch die rosa Brille sehen«) in meiner Familie ständig im Munde. Seit Édith Piaf kurz nach dem Zweiten Weltkrieg mit einem Lied die Herzen erobert hatte, das diesen Titel trägt, war es für meine Familie zum Ohrwurm geworden: »Quand il me prend dans ses bras, / Il me parle tout bas, / Je vois la vie en rose …« (»Wenn er mich in seinen Armen hält / Und mich ganz leis' anspricht, / Sehe ich das Leben in Rosé …«). *La vie en rose* – das steht für Optimismus, Lebensfreude und alles andere Angenehme. Eine Haltung, die mein Lebensgefühl als Kind geprägt hat. Ich erlebte eine Kindheit, die mir ein tiefes Gefühl der Geborgenheit vermittelt hat. Ein Gefühl, das ich beispielsweise mit dem Moment verbinde, wenn meine Großmutter einen Kuchen aus dem Backofen zog oder wenn sie auf dem Herd zartschmelzende Schokoladen-Karamellbonbons zubereitete. So kam es, dass wir mit dem Ausdruck *la vie en rose* auch das Backen und alles Süße verbanden.

Der elegante Pavillon Henri IV. in Saint-Germain-en-Laye

Diese Erinnerungen sind, bis auf die an meinen Vater, alle weiblich. So verdanke ich die Rezepte in diesem Buch fünf Frauen meiner Familie: meiner Großmutter Mamie, den Tanten Pierrette, Madeleine und Charlotte und meiner Ur-Urgroßmutter Joséphine.

In meinem ersten Kochbuch, *À table!*, habe ich begonnen, die wunderbaren Rezepte meiner französischen Familie niederzuschreiben. Nun sind die süßen Rezepte hinzugekommen, die in den alten Aufzeichnungen und Kochbüchern der Frauen meiner Familie festgehalten sind und die wir zahllose Male nachgebacken oder -gekocht und dabei nur leicht modernisiert haben. Die Tartes und Tartelettes, Kekse und Petits Fours, Festtagskuchen und Desserts, Schokoladenkreationen und Süßigkeiten, Marmeladen und Trüffel sind zum Dahinschmelzen! Sie passen zu allen alltäglichen süßen Momenten des Jahres und insbesondere natürlich zu Festtagen und Geburtstagen.

Bei der süßen Promenade durch die Rezeptbücher meiner Vorfahrinnen sind fast so viele Rezepte zusammengekommen, wie Frankreich Departements hat. Die Bretagne ist mit Butterkeksen vertreten, die Provence und die Charente mit Zitronen-Tartelettes, die Normandie trumpft mit ihrem Apfelkuchen auf, die Ardèche präsentiert ihre Maronen-Tarte, und Paris schenkt uns Schokoladentrüffel und die berühmten Brioches. So können Sie zusammen mit den Frauen der Familie Rousseau quer durch Frankreich und seine süße Küche reisen. *Bon voyage!*

Chapitre un

Kapitel eins

Gâteaux du lundi de Mamie
Mamies Montagskuchen

Meine Großmutter Renée, die wir Mamie nannten, war nicht nur eine hervorragende Köchin, sie verwandelte ihre Küche auch regelmäßig in eine süße Backstube. Ihre Küche lag genau hinter ihrem Kurzwarenladen in der Stadtmitte von Saint-Germain-en-Laye, einem Laden mit zahllosen kleinen, hölzernen Schubladen voller Garne und Knöpfe, Wollknäuel und Strampler der Marke Petit Bateau. Ganz in der Nähe war auch unsere Wohnung. Wir teilten uns den großen gepflasterten und begrünten Innenhof des Hôtel des Maréchaux de Villeroy, eines Gebäudes aus dem 17. Jahrhundert. Er schirmte uns gegen den Lärm der »königlichen« Stadt ab, in deren Schloss schräg gegenüber unserer Wohnung der Sonnenkönig Ludwig XIV. geboren worden war.

Jeden Montag gingen wir Kinder nach der Schule zu Mamie, voller Spannung, welchen Kuchen sie diesmal zum *goûter*, zum nur den Kindern vorbehaltenen Nachmittagskaffee, für uns gebacken hatte. Wir konnten dem Duft, der ihrem Backofen entströmte, nicht widerstehen. Mit ihren Kuchen erfand und pflegte sie für uns so etwas wie eine »Poesie des Alltags«, wie wir immer sagten. Ein Innehalten in der Hektik des Wochenanfangs: Wir stahlen dem Alltag ein Stückchen Zeit, unsere Hausaufgaben mussten warten, der Moment des Genießens hatte Vorrang.

Mamies »Montagskuchen« waren alle relativ einfach – ein klassischer Rührkuchen mit Äpfeln, ein Rosinenkuchen oder ein *pain d'épices* (Gewürzkuchen) mit feinem Honig. Sie ließen sich gut wochentags backen, und blieb etwas übrig, freute man sich darauf, am nächsten Tag die Reste zu essen.

Hatte Mamie ausnahmsweise nicht gebacken oder waren wir montags nach der Schule nicht bei ihr, sondern zuhause, bestand unser *goûter* meist aus dem in Frankreich überaus beliebten *pain Poilâne*, einem Sauerteigbrot, wie beim typischen französischen Frühstück mit Butter, Marmelade oder Honig bestrichen. Die Franzosen legen ja bekanntlich aufs Frühstück keinen

Gerade Schulkind geworden

Mamie (rechts) mit Papa und einer Großtante

Le petit déjeuner (1846).

besonderen Wert. Oft besteht es nur aus einem *café crème* am Tresen eines nahe gelegenen Cafés und einem einfachen Croissant. Zum Frühstück holten wir uns Croissants und andere *viennoiseries*, wie die kleinen Gebäckteile in Frankreich heißen, nur ausnahmsweise einmal am Sonntag. Dann genossen wir die *grasse matinée*, blieben lange im Bett und tranken dort einen *café au lait* oder eine *chocolat chaud*, die uns auf einem schönen Tablett gebracht wurde. Wir tunkten unser Croissant oder Brioche in den Milchkaffee oder die heiße Schokolade, eine Sitte, die in Frankreich sehr verbreitet ist.

Weniger bekannt ist, dass das Croissant, die typischste aller französischen Backwaren neben dem Baguette, in Wien erfunden wurde. 1683 belagerte das türkische Heer die Stadt. Da es Bäcker waren, die im Morgengrauen des 6. August, als die Türken angreifen wollten, Alarm schlugen und da das Wahrzeichen auf der türkischen Flagge die Mondsichel ist, backten sie zur Erinnerung an dieses Ereignis kleine Brote in Sichelform. Erst im 20. Jahrhundert, kurz nach dem Ersten Weltkrieg, kamen in Frankreich Croissants aus Blätterteig auf, die seither als die französische Spezialität schlechthin gelten. Aus dem gleichen Teig werden die nicht nur bei Kindern beliebten *pains au chocolat* hergestellt: Ein oder zwei Riegel Bitterschokolade werden in Blätterteig gerollt und mitgebacken. Köstlich!

Zum festen Repertoire unserer *goûters* gehörte neben den Croissants und dem Honigkuchen auch die Brioche. Sie ist das wohl verbreitetste Gebäck in Frankreich. Aus Hefeteig gebacken, gibt es sie in den unterschiedlichsten Formen und Größen, meist rund und mit einem »Kopf« obenauf, aber auch länglich. Als Kinder haben mein Bruder Jean-Luc und ich uns oft gegenseitig die Brioche-Köpfe geklaut und sorgten damit für viel Aufregung, galten sie doch als das beste Stück. Bei unserer Mamie haben wir die Brioches zum Frühstück manchmal auch in Scheiben geschnitten und getoastet bekommen – ein Gedicht. *Plaisir d'antan!*

Der alte Bahnhof von Saint-Germain-en-Laye

Mamie auf der Schlossterrasse von Saint-Germain

Gâteaux du lundi

Montagskuchen

Brioche parisienne
Pariser Brioche

Zutaten für eine Briocheform oder eine Gugelhupfform (24 cm ø):
5 g Hefe
2 EL Puderzucker
190 g Mehl
1 TL Salz
3 Eier
150 g Butter, zimmerwarm, in Flöckchen
Butter für die Form
1 Eigelb

- Hefe zerbröckeln und in etwas Wasser auflösen. Puderzucker und etwas Mehl hinzufügen und 30 Min. gehen lassen.
- Restliches Mehl und Salz hinzufügen und verkneten.
- Eier nacheinander zu der Mischung geben.
- Butterflöckchen nach und nach unterkneten, bis der Teig sich von der Schüssel löst.
- Teig zudecken und an einem warmen Ort 1 Std. gehen lassen, bis er sein Volumen verdoppelt hat.
- Teig nochmals gründlich durchkneten.
- Zwei Kugeln von etwa 400 bzw. etwa 100 g formen.
- Die große Teigkugel in die gebutterte Form legen, die kleine oben aufsetzen und noch einmal 30 Min. gehen lassen.
- Ofen auf 200 °C (Umluft: 180 °C) vorheizen.
- Brioche mit einem Teil des Eigelbs bepinseln und 10 Min. backen.
- Ofen auf 180 °C (Umluft: 160 °C) herunterschalten und Brioche weitere 20 Min. backen. Dabei nach 10 Min. mit dem restlichen Eigelb bepinseln.
- Noch lauwarm aus der Form nehmen.

Gâteau marbré
Marmorkuchen

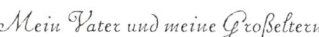

Zutaten für eine Gugelhupfform (24 cm ø):
250 g weiche Butter
1 Päckchen Vanillezucker
250 g Zucker
4 Eier
500 g Mehl, mit 1 Päckchen Backpulver und 1 Prise Salz vermischt
250 ml Milch
30 g dunkles Schokoladenpulver
Butter für die Form

Mein Vater und meine Großeltern

- Backofen auf 190 °C (Umluft: 170 °C) vorheizen.
- In einer Schüssel Butter, Vanillezucker und Zucker weißschaumig rühren.
- Eier einzeln hinzufügen und dabei weiterrühren.
- Mehl nach und nach unterrühren.
- Die Hälfte der Milch unter Rühren dazugießen und weiterrühren, bis ein glatter, feuchter Teig entsteht.
- In einer anderen Schüssel Schokoladenpulver mit der restlichen Milch verrühren.
- Die Hälfte des Teiges mit der Schokomilch verrühren.
- Erst den hellen und darauf den dunklen Teig in die gebutterte Form füllen und 60 Min. backen. Evt. am Ende der Backzeit mit Alufolie bedecken.

In Mamies Küche: meine Mutter (Mitte), Mamie und ihre Schwiegermutter

Gâteau de semoule à la mode de Mamie
Grießkuchen nach Art meiner Großmutter

Zutaten für eine Puddingform:
250 g Rosinen, fein gehackt
5 EL Wasser
500 ml Milch
100 g Grieß
2 EL Honig
4 Eier
1 TL Erdnussöl für die Form

❋ Backofen auf 170 °C (Umluft: 150 °C) vorheizen.
❋ Rosinen und Wasser in einen Topf geben. Aufkochen und 3 Min. ohne Deckel weiterkochen.
❋ In einem anderen Topf Milch erhitzen, Grieß hineinrieseln lassen und dabei mit einem Holzlöffel ständig rühren. 3–4 Min. bei geringer Hitze weiterkochen lassen.
❋ Grieß in eine Schüssel gießen, Honig, Rosinen und Kochflüssigkeit dazugeben.
❋ Mit dem Schneebesen gut durchrühren, dabei die Eier einzeln unterrühren.
❋ Grießmischung in die geölte Form füllen. Die Form in eine etwas größere Auflaufform stellen, die halb mit Wasser gefüllt ist. Mit Alufolie bedecken und 60 Min. backen.
❋ Den Kuchen erkalten lassen und in dicke Scheiben schneiden.

Tipp
Der Kuchen schmeckt noch besser, wenn man die Rosinen in Wasser gibt, dem ein Esslöffel Rum beigemengt wurde. Zusätzlich empfiehlt es sich, eine Fruchtsauce zu servieren, die wir in Frankreich *coulis* nennen (s. S. 29).

Mein Bruder und ich mit Mamie auf der Schlossterrasse von Saint-Germain

Gâteaux du lundi
22

Gâteau aux raisins
Rosinenkuchen

Zutaten für eine Springform (24 cm ø):
250 g Mehl
10 g Hefe
200 ml lauwarmes Wasser
3 Eier
65 g Puderzucker
1 Prise Salz
75 g zerlassene, lauwarme Butter
125 g Rosinen
Butter für die Form

✳ 80 g Mehl in eine Schüssel geben und in der Mitte eine Mulde formen.
✳ Hefe in die Mulde geben, mit dem Wasser anrühren und mit dem Mehl zu einem festen Teig verrühren.
✳ Zugedeckt an einem warmen Ort gehen lassen, bis sich das Volumen verdreifacht hat.
✳ Restliches Mehl, Eier, Puderzucker und Salz dazugeben und zu einem glatten Teig schlagen. Zum Schluss Butter und Rosinen unterrühren.
✳ Teig nochmals zugedeckt an einem warmen Ort gehen lassen, bis er sein Volumen verdoppelt hat.
✳ Backofen auf 220 °C (Umluft: 200 °C) vorheizen.
✳ Teig in die gebutterte Springform geben und 40 Min. backen.

Tipp
Der Kuchen ist besonders lecker, wenn man ihn vor dem Servieren mit etwa 1 EL Rum beträufelt.

Mein Bruder Jean-Luc mit seinem ersten Gefährt

Pain d'épices au miel de Bretagne

Honigkuchen aus der Bretagne

Zutaten für eine Kastenform (30 cm Länge):
100 ml Milch
60 g Zucker
150 g Honig
2 Eigelb
250 g Mehl, mit 1 TL Hischhornsalz vermischt
Butter fürs Backpapier

※ In einem Topf Milch, Zucker und Honig bei geringer Hitze erwärmen, bis Zucker und Honig sich aufgelöst haben.
※ In einer Schüssel die Hälfte der abgekühlten, lauwarmen Milchmischung mit Eigelb verrühren.
※ Nach und nach Mehl und den Rest der Milchmischung unterrühren.
※ Den Teig 20 Min. schlagen.
※ Backofen auf 200 °C (Umluft: 180 °C) vorheizen.
※ Die Kastenform mit gebuttertem Backpapier auslegen, den Teig hineinfüllen und etwa 60 Min. backen.

Gratin aux cerises
Kirschauflauf

Zutaten für eine Auflaufform (24 cm ø):
6 Scheiben Toastbrot
100 g Butter
Butter für die Form
250 g frische Süßkirschen, entsteint
100 g Puderzucker

- Backofen auf 220 °C (Umluft: 200 °C) vorheizen.
- In einer Pfanne Toastbrotscheiben in 75 g Butter goldbraun anbraten.
- Brotscheiben auf den Boden einer gebutterten Auflaufform legen.
- Kirschen darauf verteilen.
- Die restlichen 25 g Butter in Flocken darübergeben, mit Puderzucker bestreuen und 15 – 20 Min. backen.
- Heiß servieren.

»Käferwäsche« im Hof

Montagskuchen
25

Gâteau aux pommes normandes
Klassischer Apfelkuchen aus der Normandie

Zutaten für eine Auflaufform (24 cm ø):
200 g Mehl, mit ½ Päckchen Backpulver vermischt
150 g Zucker
1 Päckchen Vanillezucker
1 Prise Salz
2 Eier
4 EL Butter, zerlassen
6 EL Milch
5 Äpfel, geschält, entkernt und in Scheiben geschnitten
Butter für die Form

Zutaten für die Creme:
80 g Butter, zerlassen
100 g Zucker
1 Ei

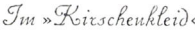
Im »Kirschenkleid«

※ Backofen auf 150 °C (Umluft: 130 °C) vorheizen.
※ In eine Schüssel Mehl sieben.
※ Eine Mulde hineindrücken, Zucker, Vanillezucker, Salz, Eier, Butter und Milch dazugeben und alles zu einem glatten Teig verrühren.
※ Die Scheiben von etwa drei Äpfeln vorsichtig unter den Teig heben.
※ Teig in die gebutterte Form füllen, die restlichen Apfelscheiben kranzartig darauf verteilen und 20 Min. backen.
※ In der Zwischenzeit für die Creme die Butter mit dem Zucker mischen, dann das Ei unterrühren.
※ Nach 20 Min. Backzeit die Creme auf dem Kuchen verteilen und weitere 30 Min. backen.

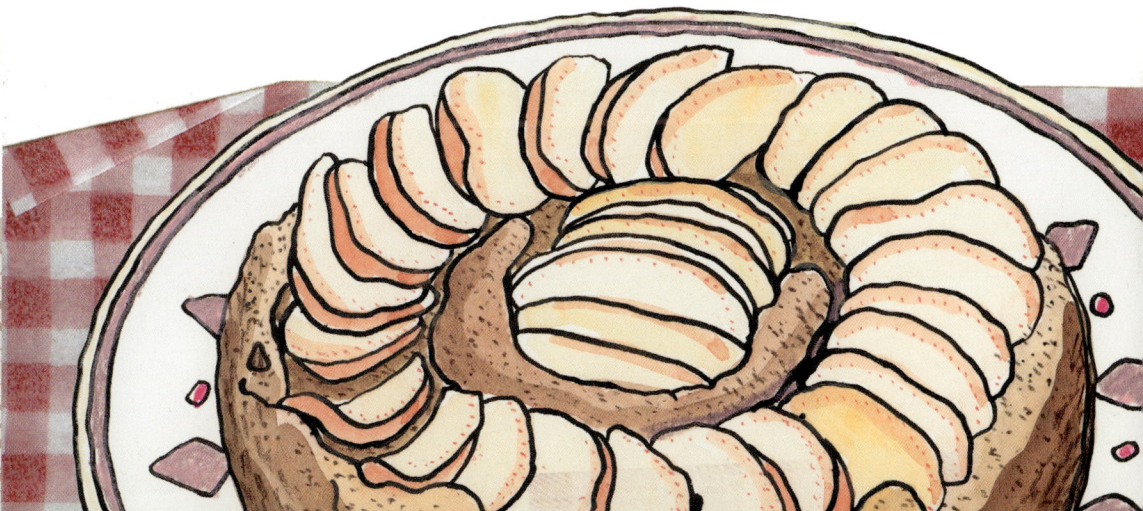

Chaussons aux pommes

Apfel-Blätterteigtaschen

Zutaten für 8 Stück:
400 g Tiefkühl-Blätterteig
500 g Äpfel, geschält, geviertelt und in sehr dünne Scheiben geschnitten
80 g Zucker
etwas kaltes Wasser
1 Eigelb, verquirlt

- Backofen auf 200 °C (Umluft: 180 °C) vorheizen.
- Blätterteig recht dünn ausrollen und mit einer großen Tasse (10–15 cm ø) Kreise ausstechen.
- Teigkreise jeweils halb mit Apfelscheiben belegen und mit Zucker bestreuen.
- Teigkreise zusammenklappen. Ränder mit etwas Wasser befeuchten, gut zusammendrücken und rundum mit einer Gabel ein Muster hineindrücken.
- Apfeltaschen mit Eigelb bestreichen und 30 Min. backen.

Tipp
Blätterteig lässt sich auf viele verschiedene Weisen herstellen. Für die in Frankreich übliche Methode benötigt man nicht nur die Zutaten in gekühltem Zustand, sondern auch kühle Räume und gekühlte Arbeitsflächen.
Weil die Zubereitung samt Ruhezeiten fast 2 Std. in Anspruch nimmt, verzichte ich hier auf das Rezept für frischen Blätterteig und empfehle stattdessen tiefgefrorenen Blätterteig, der auch gut zu verarbeiten ist.

Jean-Luc bei dem Versuch, einen Baum zu umarmen

Gâteaux du lundi
28

Gâteau aux bananes

Bananenkuchen

Zutaten für eine Auflaufform (24 cm ø):
160 g weiche Butter
200 g Zucker
250 ml Milch
2 Eier, verquirlt
200 g Mehl, mit 1 Päckchen Backpulver vermischt
Butter für die Form
4 Bananen, der Länge nach halbiert und in Streifen geschnitten
400 g Crème fraîche, geschlagen und mit 100 g Zucker verrührt

- Backofen auf 210 °C (Umluft: 190 °C) vorheizen.
- In einer Schüssel Butter und Zucker weißschaumig rühren.
- Milch, Eier und Mehl unterrühren.
- Teig in die gebutterte Form füllen, ¾ der Bananenstreifen hineindrücken und 30 Min. backen.
- Kuchen nach dem Backen vorsichtig aus der Form lösen.
- Restliche Bananenstreifen auf dem abgekühlten Kuchen verteilen und mit der Crème fraîche überziehen.

Tipp
Der Kuchen schmeckt auch ohne Crème fraîche sehr fein. Bei einer anderen Variante wird er quer durchgeschnitten, mit Kirschwasser beträufelt, mit Bananenpüree gefüllt und dann mit Bananenstreifen verziert.

Kindergeburtstag in unserer Stadtwohnung

Mamie mit Verwandten in Saint-Germain-en-Laye

Montagskuchen
29

Petit plus

Coulis de fruits frais
Fruchtcoulis (Fruchtsauce zum Dazureichen)

Zutaten für 1 l:
1 kg gemischte Früchte (z.B. Aprikosen, Erdbeeren, Himbeeren, Pfirsiche, Johannisbeeren), gewaschen, entstielt und entsteint
200 g Puderzucker
Saft von 2 Zitronen

- Größere Früchte kleinschneiden. Früchte mit Puderzucker und Zitronensaft pürieren.
- Im Kühlschrank oder Gefrierfach aufbewahren.

Tipp
Die Fruchtsauce kann aus zwei, drei oder mehr Obstsorten hergestellt werden, die gerade Saison haben.

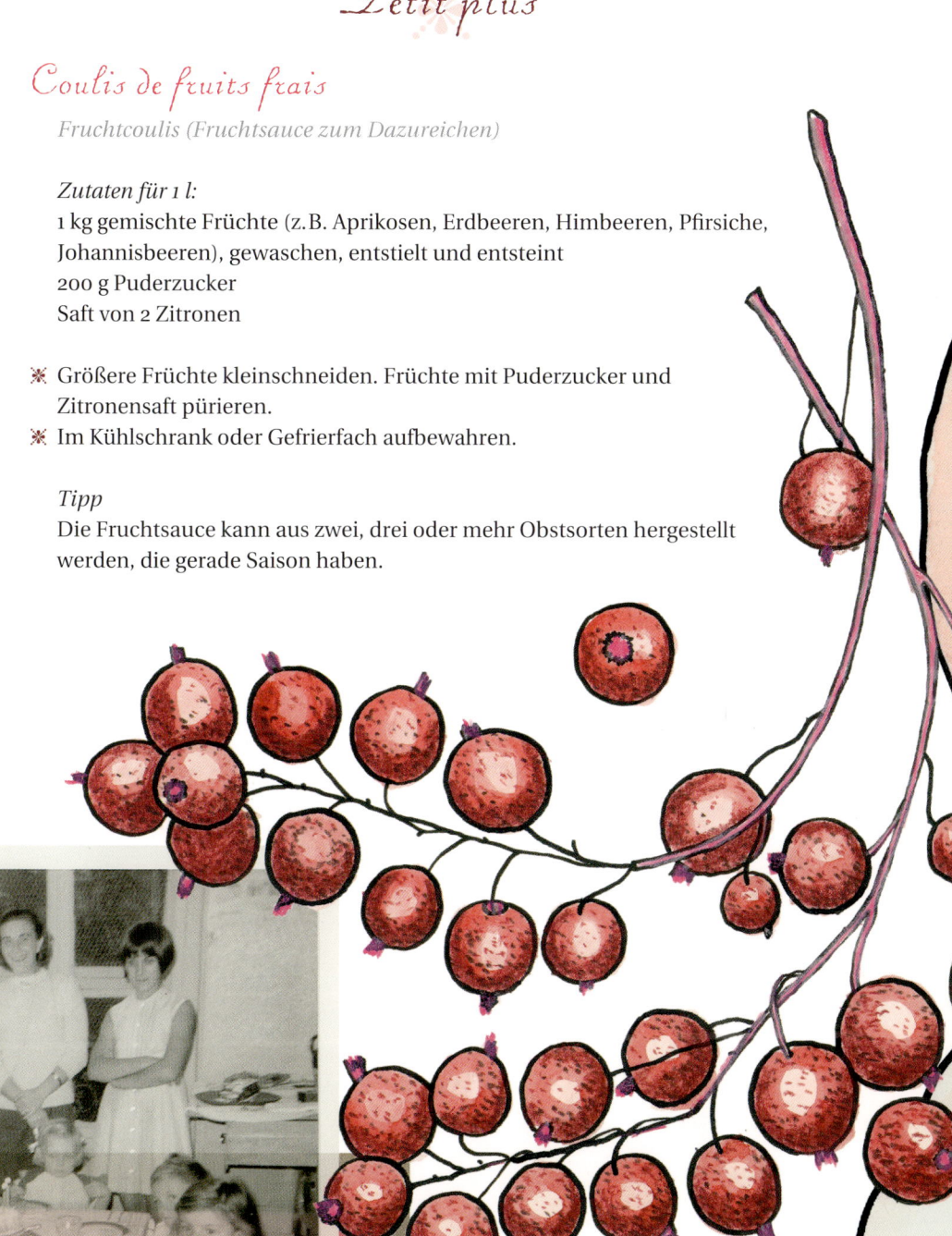

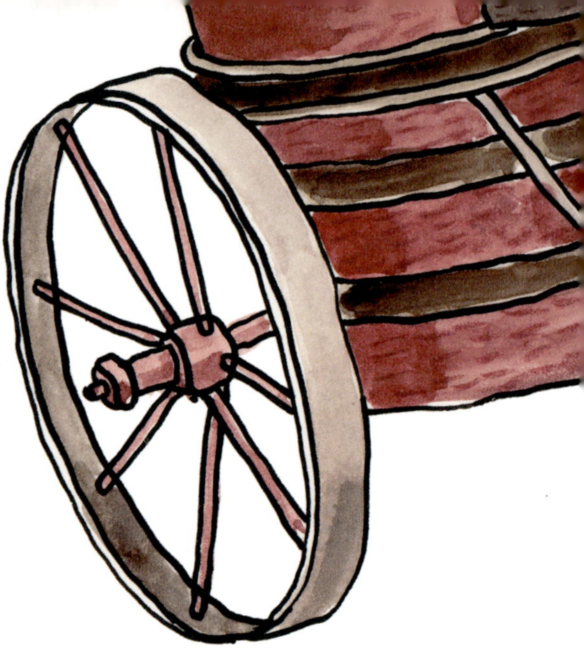

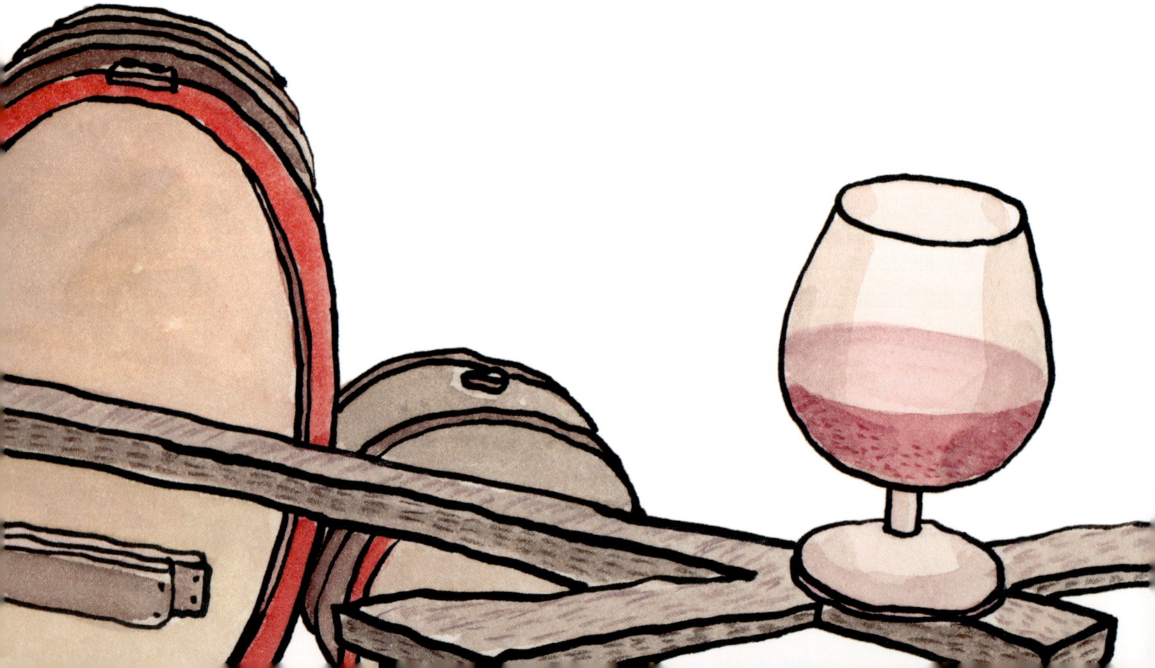

Chapitre deux

Kapitel zwei

Die Hauptstraße von Segonzac, um 1900

Cognac, noix et autres trésors de la douce Charente

Cognac, Walnüsse und andere Schätze der lieblichen Charente

Als eine Frau, die Cognac und Pineau des Charentes liebte – in wohldosierten Maßen, versteht sich –, war meine Großmutter Mamie eine kleine Rarität. Schließlich liegt der Marktanteil von Cognac in Frankreich heute wie damals bei nur knapp über fünf Prozent. Ihre Vorliebe für diese vergleichsweise hochprozentigen Getränke verdankte sie ihrer Heimat, der lieblichen Charente im Südwesten Frankreichs: Mamie stammte aus Segonzac, einem kleinen Ort bei Cognac.

Cognac liegt an einem der Zubringer des Jakobswegs, ist Geburtsort des »Ritterkönigs« Franz I., der im 16. Jahrhundert lebte, und Namensgeber für den in aller Welt berühmten Weinbrand. Segonzac hingegen kennt kaum jemand, obwohl es nur knapp vierzig Kilometer von Cognac entfernt liegt. Uns war das

Urgroßvater Gaston bei der Zeitungslektüre

herzlich egal. Für uns war Segonzac der Ort, aus dem unsere Mamie stammte und in dem unsere Urgroßeltern, *grand-mère* Ida und *grand-père* Gaston, lebten. Beide waren begeisterte Gärtner und pflegten auf ihrem etwas höher gelegenen Stückchen Land von Artischocken bis zu Weintrauben alles, was das heiße Charente-Klima gedeihen lässt. In ihrem Garten reiften herrliche Melonen heran, und ihre Tomaten waren wunderbar aromatisch.

Grand-père legte seine blaue Gärtnerschürze und den *béret*, die Baskenmütze, fast nie ab. Wenn wir Kinder zu Besuch waren, hielt er in der Mütze immer Walnüsse versteckt, die er gesammelt hatte. Dann versuchten wir, sie ihm vom Kopf zu reißen, was ihm sichtlich Spaß machte. Wenn es uns nicht gelang, tröstete er uns mit ein paar Bonbons, die er immer für die Kinder der Nachbarschaft und uns Urenkel in der Hosentasche hatte. Während er mit Erwachsenen oft grob umging, liebte er Kinder über alles.

Seine Vorliebe für Walnüsse und Walnussbäume machte sich auch in seinem Beruf als Schreiner bemerkbar. Er fertigte viele Möbel aus diesem Holz – wunderschöne Stücke, die wir in unserem Landhaus in der Sarthe immer noch liebevoll pflegen: lange Tische, Kommoden und *confituriers*; so heißen die kleinen Schränke, die man früher zur Lagerung von Marmeladen benutzte. *Grand-père* machte aber auch *vin de noix*, Walnussgeist. Meist im Juni holte er alle grünen Walnüsse, die schon groß genug waren, vom Baum. Um diese Zeit sind ihre Schalen schon ordentlich hart. Er knackte die Nüsse mit einem Holzhammer und legte sie in Rotwein aus der Gegend ein. Ungefähr sechs Wochen später holte er sie wieder heraus und versetzte den Wein mit Zucker und Eau de vie – einem Obstwasser oder Traubenbranntwein. So wie meine Großmutter Pineau des Charentes liebte, liebte er seinen Walnussgeist.

Im Garten von Segonzac: meine Urgroßeltern, Mamie und Nachbarn

Urgroßvater Gaston mit Nachbarskindern

In und um Cognac herum gibt es schon seit langem Firmen, die auf irgendeine Art mit Cognac zu tun haben, von Flaschenproduzenten über Verschlussherseller bis zu Kartonagefabrikanten. So war natürlich mein Urgroßvater als Schreiner auch mit der Fertigung wunderschöner Eichenfässer oder der Cousin meiner Großmutter als Hersteller kupferner Destillierkolben für die Cognacproduktion tätig.

Segonzac, Mamies Geburtsort, liegt mitten in der Region, in der der teuerste Cognac, die Grande Champagne, hergestellt wird. Man unterscheidet beim Cognac folgende *crus* (Lagen), die sich in der Beschaffenheit des jeweiligen Bodens und Klimas unterscheiden: Grande Champagne, Petite Champagne, Borderies, Fins Bois, Bons Bois und schließlich Bois Ordinaires. Da sie in der Region der Grande Champagne aufgewachsen war, sagte meine Großmutter oft, dass sie aus Frankreichs bester und feinster Gegend stamme.

DÉLIVRANCE

des expéditions des Actes de l'Etat civil

Noch Jahrzehnte, nachdem sie die schöne Charente verlassen hatte und nach Paris gezogen war, ließ sie sich von Verwandten Cognac der besten Qualität und des besten Alters sowie ein paar gute Flaschen Pineau oder Grand Marnier mitbringen (zu deren Herstellung unter anderem Cognac verwendet wird). Da sie ab und zu auch mit Cognac kochte, ihre legendären Crêpes mit Grand Marnier verfeinerte und ihren Pineau selbst mit Pfirsichblättern versetzte, waren ihr Besucher aus der Charente immer willkommen. Einer dieser »Cognacboten«, ihr Neffe Michel Rousseau, hat die Familienleidenschaft für Cognac und Wein später zu seinem Beruf gemacht. Er stieg aus seinem ersten Beruf aus, um fortan als Weinhändler tätig zu sein. Wie schon für *À table!* hat er auch für dieses Buch die Weinempfehlungen zusammengestellt.
Un grand merci au connaisseur de vin!

Mein Urgroßvater mit Jean-Luc auf dem Schoß

Der Hauptplatz von Segonzac, um 1920

Mamie mit Tauben ihres Vaters

Fig. 28. — Alambic à bain-marie.

DÉPARTEMENT DE LA CHARENTE

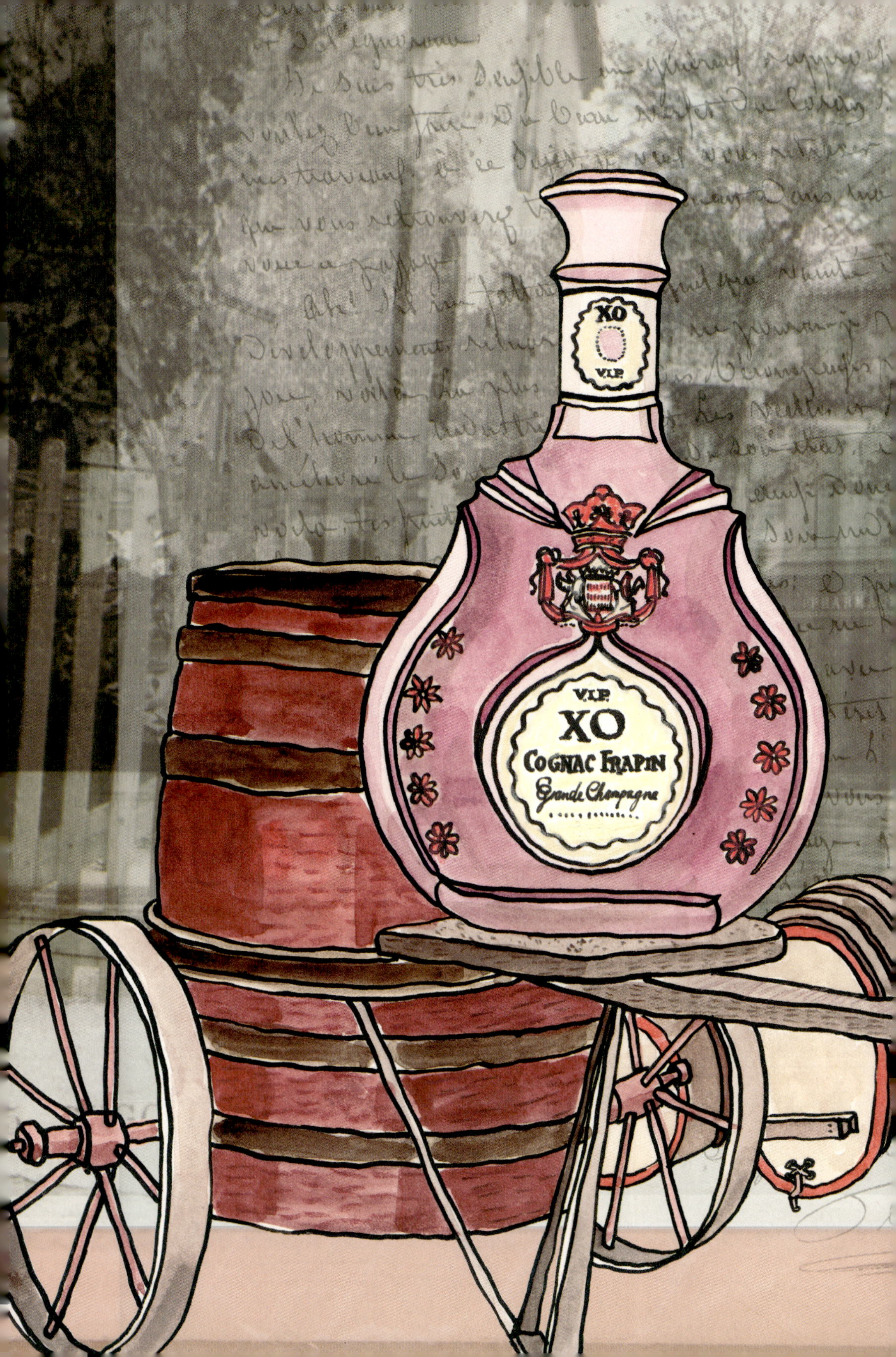
XO
V.I.P.
V.I.P.
XO
COGNAC FRAPIN
Grande Champagne

ROUEN
11
AOUT

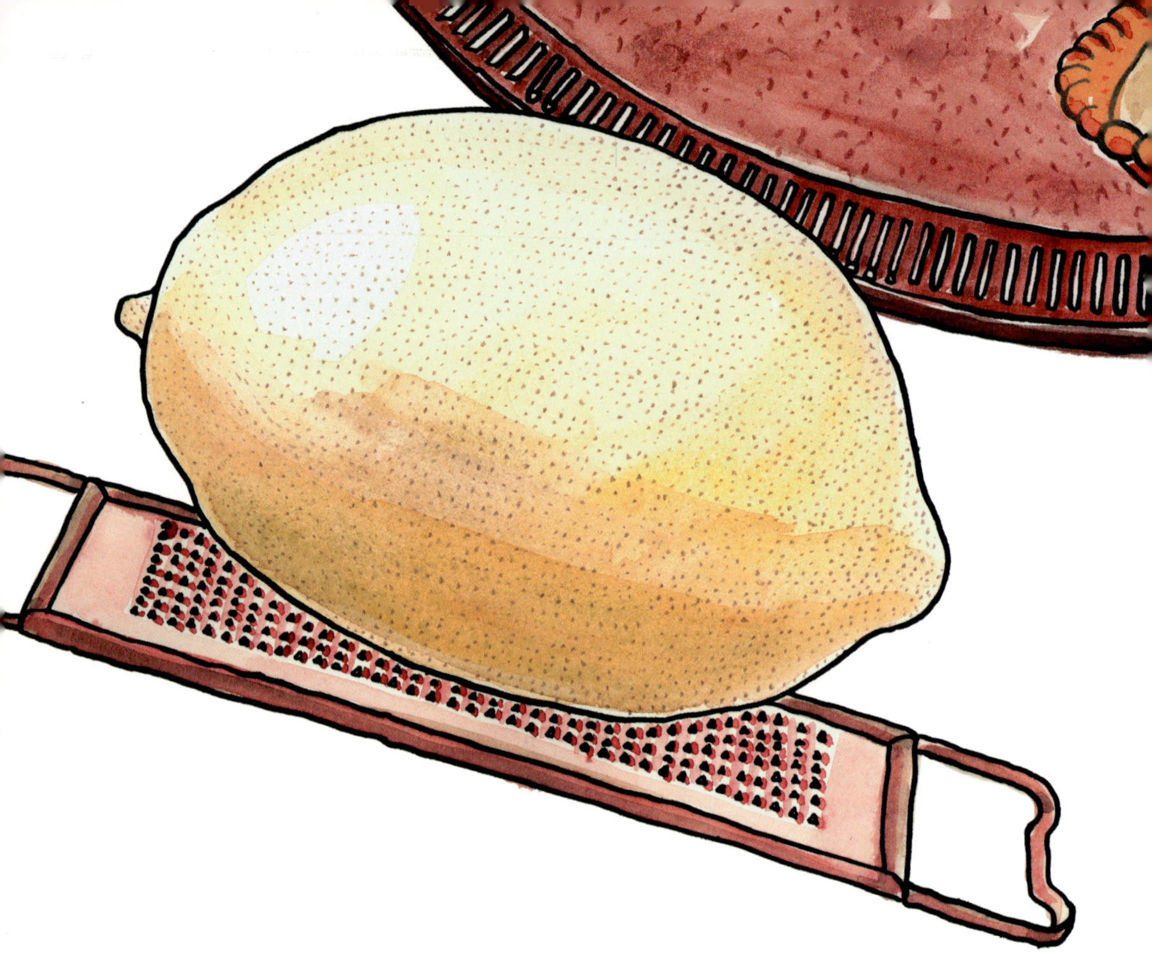

Chapitre trois

Kapitel drei

La récolte des fruits dans le grand jardin de Pierrette

Obsternte in Pierrettes großem Garten

Erinnerungen *à la vie en rose* verbinde ich auch mit Pierrette, einer Cousine meiner Großmutter. Pierrette war unser fester Stützpunkt in der Charente. Sie lebte dort auch noch, als meine Großmutter als jungverheiratete Frau schon in Paris wohnte. Pierrette besaß in Saint-Fort bei Cognac ein Haus mit einem riesigen, langgestreckten Garten voller Obstbäume und Beerensträucher. Ihr Grundstück war von einer hohen alten Mauer geschützt, in der es nur ein einziges Tor gab. An ihrem Haus fuhr alljährlich der Tross der Tour de France auf der Etappe von oder nach Cognac vorbei. Dann stellten wir schon Stunden vorher Klappstühle auf, und sobald die vorausfahrende Werbekarawane uns hupend passiert hatte, wussten wir, dass bald die Helden im gelben Trikot an uns vorbeirasen würden.

Mit Jean-Luc vor Pierrettes Haus

Jean-Luc und ich

Im Sommer lagen in Pierrettes Garten überall Körbe zum Obsternten bereit. Der halbe Tag verging mit dem Ernten und Waschen der Früchte, dem Marmeladekochen und Wegräumen der bunten Gläser. Wir liebten diese süße Betriebsamkeit! Aus ihren Johannisbeeren, Mirabellen und Quitten zauberte Pierrette leckere Marmeladen und Gelees, die man sofort probieren musste, einen so köstlichen Duft verbreiteten sie. Jeden Tag gab es Obstkuchen, Kompotts oder Sorbets. Von Pierrette konnte man lernen, was man alles aus frischen Früchten zubereiten kann.

Ein Lieblingsrezept, das sie uns hinterlassen hat, ist ihre Zitronentarte: dünner Tarteteig, bestrichen mit einer Masse aus Ei, Zucker, Butter, dem Saft und der abgeriebenen Schale von Zitronen, darauf sehr dünne Zitronenscheiben und das Ganze überzogen mit süßem Baiser: Pierrettes Zitronentarte in Saint-Fort war ein Genuss. *Saveur authentique!*

Pierrette vor ihrem Haus in Saint-Fort bei Cognac

Mamie bei der Weinernte

Tartes et tartelettes

Tartes und Tartelettes

Tarte au riz

Reis-Tarte

Zutaten für eine Tarteform (26 cm ø); ergibt 250 g:
200 g Mehl
50 g Zucker
1 EL Öl
1 Prise Salz
110 g Butter, in Flöckchen
kaltes Wasser
Butter für die Form
Backpapier
getrocknete Hülsenfrüchte zum Blindbacken

Zutaten für den Milchreis:
1 l Wasser
900 ml Milch
70 g Zucker
1 Prise Salz
Mark von 1 Vanilleschote
200 g Rundkornreis
50 g Butter
2–3 Eigelb

Mit Latzhose und Gummistiefeln macht das Spielen Spaß

※ Mehl und Zucker auf die Arbeitsfläche geben. Öl, Salz und Butter in die Mitte geben. Mehl und Fett mit den Fingerspitzen leicht verarbeiten.
※ So viel kaltes Wasser hinzufügen, dass der Teig ausrollfähig wird.
※ Teig rasch zu einem Kloß formen, er schmeckt dann umso besser. 1 Std. oder länger kühl ruhen lassen (bis zu 1 Tag).
※ In einem Topf Wasser und in einem zweiten Topf Milch mit Zucker, Salz und Vanille zum Kochen bringen.

- Reis in das kochende Wasser geben.
- Nach 2 Min. Reis abgießen, abtropfen lassen und in die kochende Milch geben. Reis bei sehr geringer Hitze etwa 30–40 Min. köcheln lassen. Immer wieder rühren.
- Backofen auf 200 °C (Umluft: 180 °C) vorheizen. Teig ausrollen und damit eine gebutterte Tarteform auslegen. Auf den Teig Backpapier und darauf die Hülsenfrüchte legen, 20 Min. backen und Backpapier und Hülsenfrüchte entfernen.
- Wenn der Reis gar ist, Butter und Eigelb gut unterrühren.
- Den Milchreis auf den Teig gießen und den Kuchen weitere 20 Min. backen.

Suggestion de vin de Michel Rousseau
Ein Montbazillac

An Mamies Hand zum Briefkasten

Tarte à la rhubarbe

Rhabarber-Tarte

Zutaten für eine Tarteform (26 cm ø):
250 g Tarteteig (s. S. 42)
50 g gemahlene Mandeln
2 Eier
100 g Zucker
100 g Crème fraîche
Butter für die Form
3–4 Stangen Rhabarber, gewaschen, geschält und in 3 cm lange Stücke geschnitten

✳ Backofen auf 220 °C (Umluft: 200 °C) vorheizen.
✳ Für die Creme Mandeln und Eier verrühren, Zucker und Crème fraîche dazugeben und zu einer glatten Mischung verarbeiten.
✳ Die gebutterte Tarteform mit Teig auslegen, Rhabarberstücke gleichmäßig darauf verteilen, mit der Creme übergießen und 30–40 Min. backen.
✳ Nach Geschmack mit Zucker bestreuen.

In den Weinfeldern von Segonzac

Tarte aux groseilles meringuée
Johannisbeer-Baiser-Tarte

Zutaten für eine Tarteform (26 cm ø):
250 g Tarteteig (s. S. 42)
Butter für die Form
250 g rote Johannisbeeren, gewaschen und entstielt
3 Eiweiß
200 g gemahlene Haselnusskerne
100 g Zucker

- Backofen auf 180 °C (Umluft: 160 °C) vorheizen.
- Teig ausrollen, die gebutterte Tarteform damit auslegen und den Teig mit einer Gabel mehrmals einstechen.
- Johannisbeeren auf dem Teig verteilen.
- Eiweiß, Haselnüsse und Zucker in einer Schüssel verrühren und auf die Johannisbeeren geben.
- Tarte 30 Min. backen.
- Lauwarm servieren.

Suggestion de vin de Michel Rousseau
Ein Vouvray moelleux

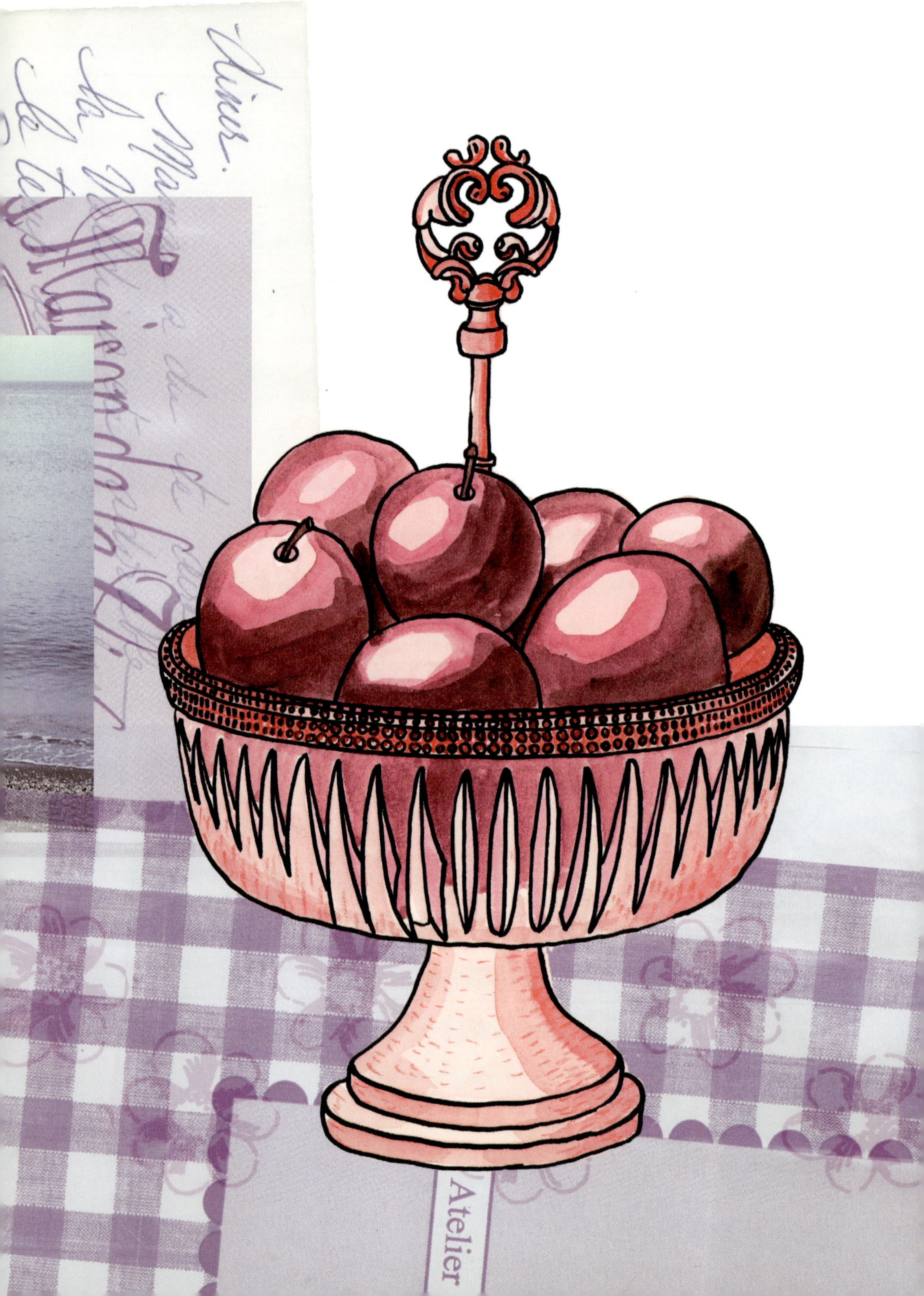
Atelier

Tarte aux quetsches
Pflaumen-Tarte

Zutaten für eine Tarteform (26 cm ø):
250 g Tarteteig (s. S. 42)
14 Pflaumen, gewaschen, halbiert und entsteint
100 g Butter
2 Päckchen Vanillezucker
20 Mirabellen, gewaschen, halbiert und entsteint
1 EL Zucker
Butter für die Form

✳ In einer Pfanne Pflaumen mit 30 g Butter und einem Päckchen Vanillezucker erhitzen und 4 Min. lang köcheln lassen. Vom Herd nehmen.
✳ In einer anderen Pfanne Mirabellen mit dem Rest Butter, dem Vanillezucker und Zucker erhitzen und 8 Min. lang köcheln lassen, bis Mus entsteht.
✳ Backofen auf 210 °C (Umluft: 190 °C) vorheizen.
✳ Pflaumen schräg am Rand einer gebutterten Tarteform auslegen.
✳ Mirabellenmus in die Mitte geben.
✳ Teig ausrollen und die Früchte damit bedecken. Den Rand mit den Fingern sorgfältig festdrücken.
✳ Tarte 30 Min. backen. Aus dem Ofen nehmen und sofort auf eine Servierplatte stürzen.
✳ Lauwarm mit Crème fraîche servieren.

Suggestion de vin de Michel Rousseau
Ein Vouvray moelleux

Am Steuer von Papies Citroën

Tarte au miel, au pain d'épices et aux mirabelles de la Sarthe

Honig-Mirabellen-Tarte aus der Sarthe

Zutaten für eine Tarteform (26 cm ø):
250 g Tarteteig (s. S. 42)
Butter für die Form
50 g Honigkuchen, zerbröselt
600 g Mirabellen, gewaschen, halbiert und entsteint
1 Ei
2 EL Puderzucker
1 EL Honig
2 EL Butter

- Backofen auf 180 °C (Umluft: 160 °C) vorheizen.
- Teig ausrollen, die gebutterte Tarteform damit auslegen und den Teig mit einer Gabel mehrmals einstechen.
- Honigkuchenbrösel in einer beschichteten Pfanne ohne Fett leicht rösten und auf dem Teig verteilen.
- Mirabellenhälften mit der Schnittfläche nach oben darauflegen.
- In einer Schüssel Ei mit Puderzucker und Honig mischen und gut verquirlen.
- Butter in einem Topf zerlassen und unter die Eimischung heben.
- Die Mischung auf die Mirabellen geben.
- Tarte 30 Min. backen.
- Lauwarm servieren.

Suggestion de vin de Michel Rousseau
Ein Montbazillac

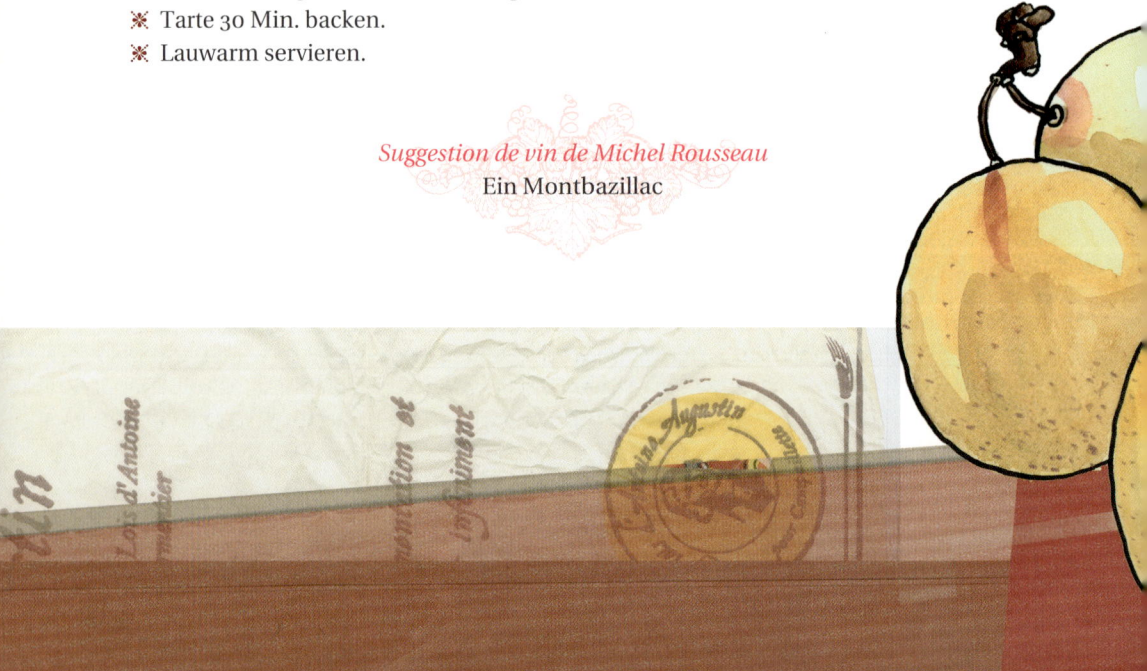

Tarte Bourdaloue à la frangipane et aux poires

Tarte Bourdaloue mit Mandelcreme und Birnen

Zutaten für eine Tarteform (26 cm ø):
250 g Tarteteig (s. S. 42)
Butter für die Form
10–12 pochierte Birnen, abgetropft und in Scheiben geschnitten

Zutaten für die Mandelcreme (frangipane):
1 kleines Ei
60 g weiche Butter, in Stücken
80 g Zucker
80 g gemahlene Mandeln

- Backofen auf 190 °C (Umluft: 170 °C) vorheizen.
- Teig ausrollen und eine gebutterte Tarteform damit auslegen.
- Für die Mandelcreme in einer Schüssel Ei, Butter und Zucker mit dem Schneebesen glattrühren.
- Mandeln dazugeben und alles verrühren.
- Mandelcreme gleichmäßig auf dem Teig verstreichen.
- Birnen kranzförmig auf die Mandelcreme legen.
- Tarte 30 Min. backen.
- Abgekühlt servieren.

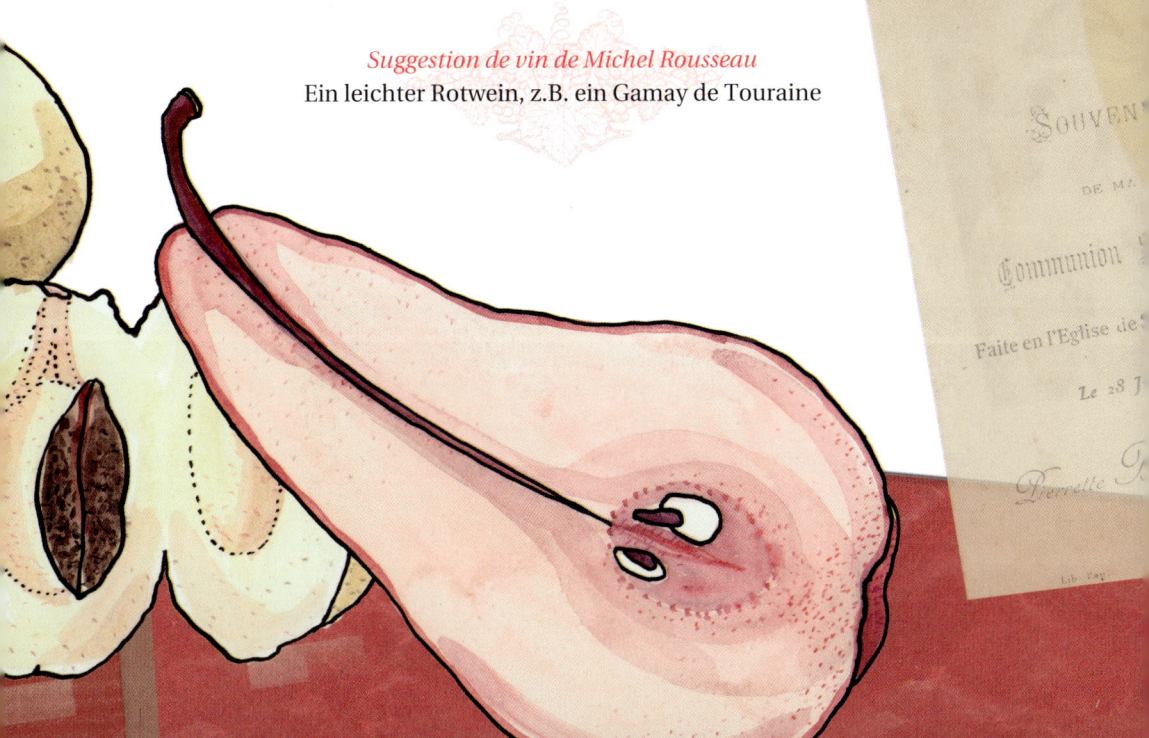

Suggestion de vin de Michel Rousseau
Ein leichter Rotwein, z.B. ein Gamay de Touraine

Tarte aux poires épicées
Karamellisierte Tarte mit Rotweinbirnen

Zutaten für eine Tarteform (26 cm ø):
125 g Butter
100 g Puderzucker
1 Prise Salz
1 Ei
250 g Mehl

Zutaten für die Füllung:
375 ml Rotwein
80 g Zucker
4 Korianderkörner
5 schwarze Pfefferkörner
2 Zimtstangen
3 Gewürznelken
6 feste Birnen, geviertelt und entkernt
4 EL Karamellsirup oder Zucker

- Butter schaumig rühren.
- Puderzucker und Salz dazugeben.
- Mit dem Schneebesen das Ei unterschlagen.
- Mehl sieben, dazugeben und den Teig rasch zu einem Kloß kneten. 1 Std. im Kühlschrank ruhen lassen.
- Teig mit den Handballen auf die Arbeitsfläche drücken und dabei die Hände von sich wegschieben, so dass ein flaches Rechteck entsteht.
- Teig in vier Teile schneiden, die Teile aufeinanderlegen und mit der Hand flachdrücken. Diesen Vorgang dreimal wiederholen. Teig 30 Min. im Kühlschrank ruhen lassen.
- Wein, Zucker und zerstoßene Gewürze in einem Topf erhitzen. Birnen hinzufügen; sie sollten von der Flüssigkeit bedeckt sein.
- Birnen etwa 20 Min. ziehen lassen, nicht kochen. Sie dürfen nicht zu weich werden. Birnen herausheben und abtropfen lassen.
- Kochflüssigkeit durchseihen und beiseitestellen.
- Backofen auf 210 °C (Umluft: 190 °C) vorheizen.
- Karamellsirup bzw. Zucker in der Tarteform verteilen und Birnen sternförmig darauflegen.

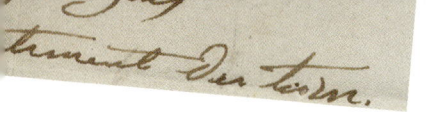

- ❋ Teig ausrollen und auf die Birnen legen. Den Rand mit den Fingern sorgfältig festdrücken.
- ❋ Tarte 20 Min. backen. Herausnehmen und sofort auf eine Servierplatte stürzen.
- ❋ Lauwarm mit dem Wein oder mit Vanille- oder Cassiseis servieren.

Tipp
Wer diese Tarte besonders gern isst, wird auch das in *À table!* enthaltene *Poires à la vigneronne* (Birnen in Rotwein) mögen, das gerne mit warmer Vanillesauce serviert wird.

Suggestion de vin de Michel Rousseau
Ein Vouvray moelleux

Papies Citroën fährt sich gut

Tarte alsacienne couverte de pommes

Elsässische gedeckte Apfel-Tarte

Zutaten für eine Tarteform (26 cm ø):
250 g Tarteteig (s. S. 42)
Butter für die Form

Zutaten für die Creme:
50 g Mehl
2 Eier
100 g Zucker
100 g Crème fraîche
4 Äpfel, geschält, entkernt und in große Stücke geschnitten

- Backofen auf 200 °C (Umluft: 180 °C) vorheizen.
- Mehl und Eier verrühren, Zucker und Crème fraîche dazugeben und zu einer glatten Creme verarbeiten.
- Teig ausrollen, gebutterte Tarteform damit auslegen und Äpfel gleichmäßig darauf verteilen.
- Äpfel mit der Creme übergießen.
- Tarte 30–40 Min. backen.

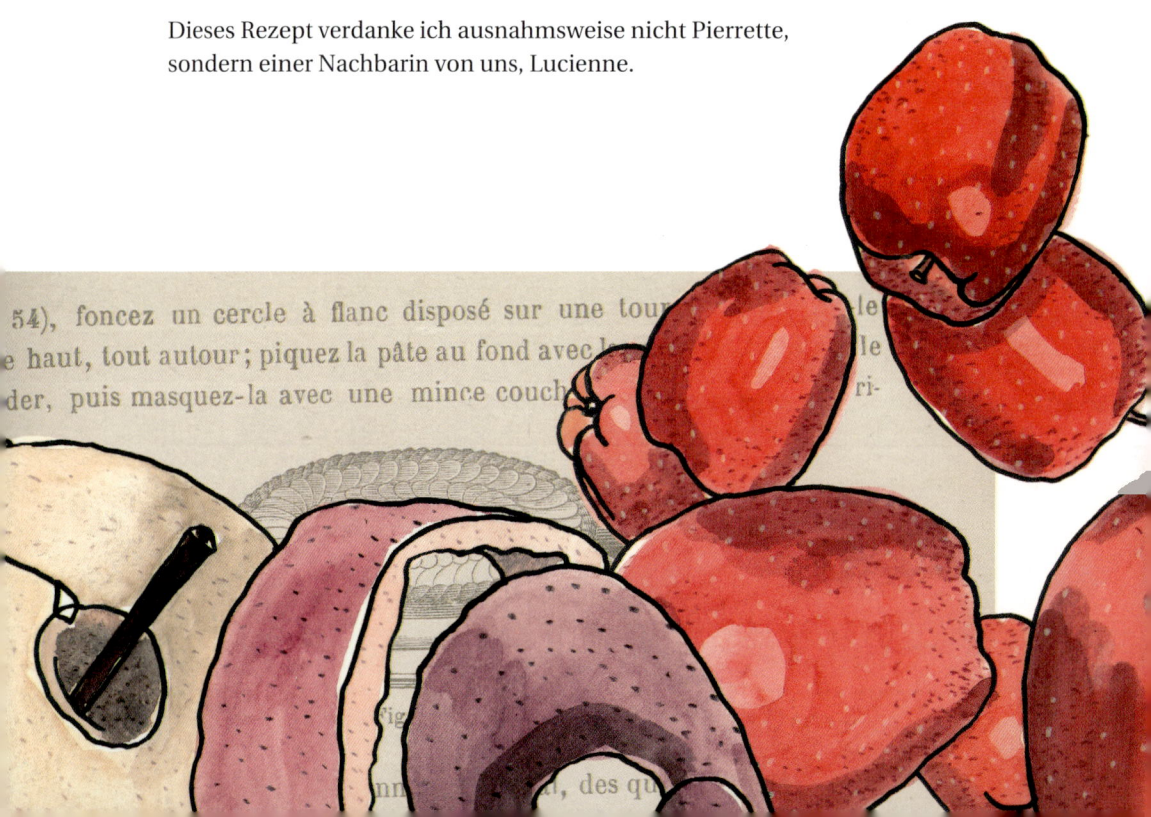

Dieses Rezept verdanke ich ausnahmsweise nicht Pierrette, sondern einer Nachbarin von uns, Lucienne.

Tarte aux figues et framboises
Feigen-Tarte mit Himbeeren

Zutaten für eine Tarteform (26 cm ø):
250 g Tarteteig (s. S. 42)
Butter für die Form
250 g Mandelcreme (*frangipane*, s. S. 49)
600 g Feigen, je nach Größe geviertelt oder geachtelt
50 g Zucker
⅓ TL Zimt
150 g Himbeeren

- Backofen auf 200 °C (Umluft: 180 °C) vorheizen.
- Teig ausrollen und die gebutterte Form damit auslegen.
- Mandelcreme gleichmäßig daraufstreichen.
- Feigenstücke mit der Schalenseite nach unten auf der Creme verteilen.
- Tarte 40 Min. backen, evt. nach der Hälfte der Zeit mit Alufolie abdecken, damit die Feigen nicht verbrennen.
- Tarte 5 Min. in der Form lassen, dann herausnehmen und auf ein Kuchengitter setzen.
- Zucker und Zimt mischen und über die Tarte streuen, sobald sie abgekühlt ist.
- Himbeeren gleichmäßig auf der Tarte verteilen.
- Leicht gekühlt servieren.

Suggestion de vin de Michel Rousseau
Ein Banyuls

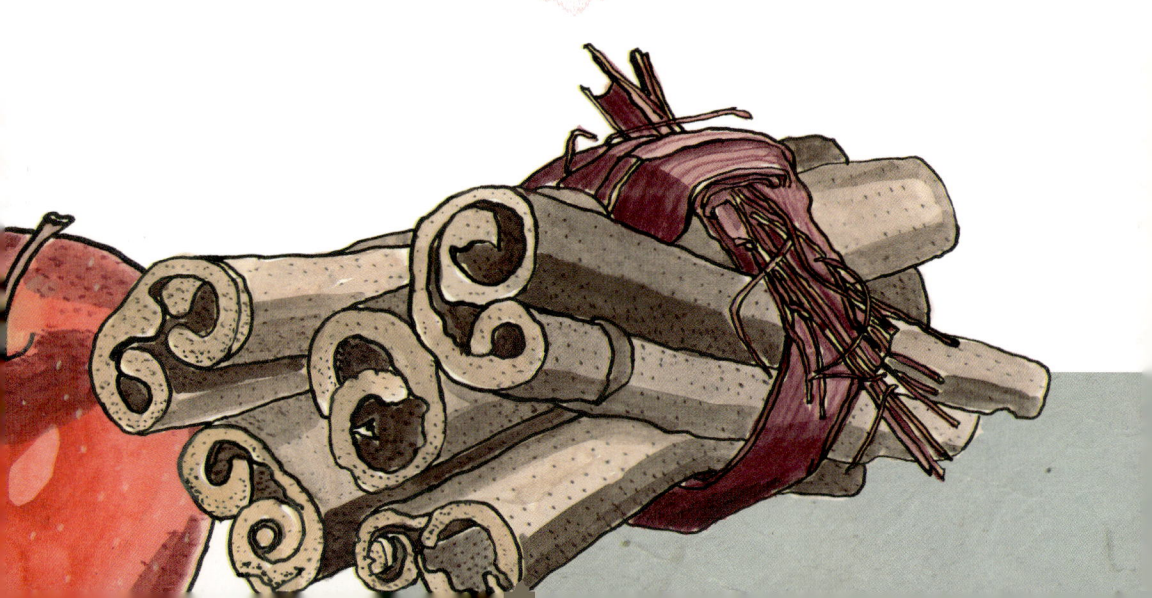

Tartelettes aux noix caramélisées

Tartelettes mit karamellisierten Walnüssen

Zutaten für 8–10 Tartelette-Formen:
200 g Mehl
2 EL Puderzucker
1 Prise Salz
120 g Butter, in kleinen Stücken
2 EL kaltes Wasser
Butter für die Tartelette-Formen

Zutaten für die Ganache:
125 g Schokolade
130 g Sahne
1 Ei
25 g Zucker

Zutaten für die karamellisierten Nüsse:
200 g Sahne
100 g Zucker
2 EL Wasser
120 g Walnusshälften

- Auf die Arbeitsfläche Mehl sieben, mit Puderzucker und Salz vermischen und eine Mulde hineindrücken.
- Mehlmischung mit Butterstücken bröselig verkneten.
- Teig mit Wasser zu einer Kugel verkneten. 1 Std. (oder auch über Nacht) im Kühlschrank ruhen lassen.
- Backofen auf 170 °C (Umluft: 150 °C) vorheizen.
- Gebutterte Tartelette-Formen mit Teig auslegen und 20–25 Min. backen.
- In der Zwischenzeit für die Ganache Schokolade in einer Metallschüssel im heißen Wasserbad schmelzen lassen. Dafür einen Topf wählen, auf den die Metallschüssel passt. Den Topf ein paar Zentimeter hoch mit Wasser füllen (das Wasser soll die Schüssel nicht berühren und darf nicht wärmer als 40 °C werden) und die Schüssel mit den Zutaten auf den Topfrand setzen.
- In einem Topf Sahne erhitzen, in drei Portionen zur Schokolade geben und alles zu einer glatten Mischung verrühren.

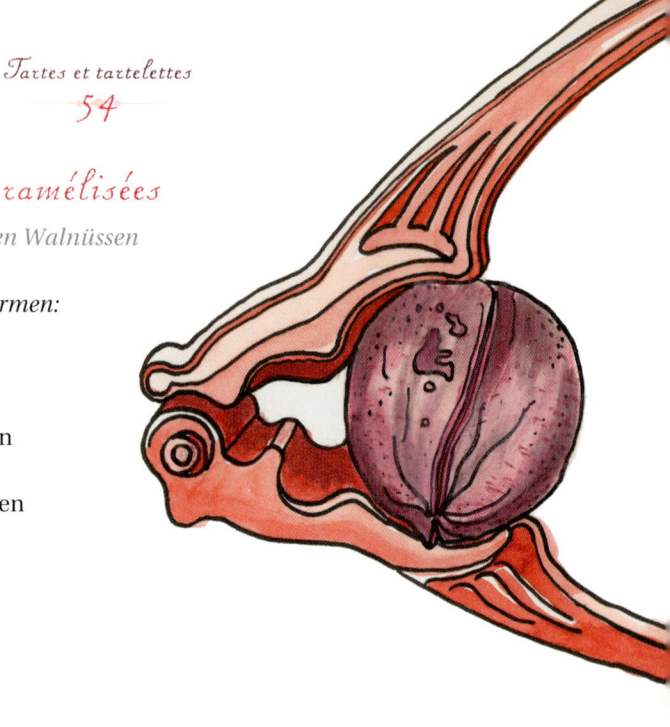

Tartes und Tartelettes

- In einer Schüssel Ei und Zucker mit dem Schneebesen aufschlagen. Schokoladenmischung dazugeben und verrühren.
- Die gebackenen Tartelettes mit der Schokocreme (Ganache) bestreichen und bei 150 °C (Umluft: 130 °C) weitere 15 Min. backen.
- Für die karamellisierten Nüsse in einem Topf Sahne erhitzen.
- Gleichzeitig in einer Pfanne Zucker mit Wasser erhitzen und zu Karamell rühren.
- Sobald der Karamell fertig ist, die heiße Sahne dazugeben und bei geringer Hitze köcheln lassen, bis die Mischung homogen wird.
- Unter ständigem Rühren 10 Min. reduzieren lassen.
- Walnüsse hinzufügen und gut vermischen.
- Nüsse auf den Tartelettes verteilen, alles abkühlen lassen und servieren.

Suggestion de vin de Michel Rousseau
Ein Banyuls

Beim Bohnenbrechen in Segonzac

Tarte aux châtaignes d'Ardèche

Maronen-Tarte aus der Ardèche

Zutaten für eine Tarteform (26 cm ø):
125 g Butter
100 g Puderzucker
1 Prise Salz
1 Ei
250 g Mehl
Butter für die Form

Zutaten für die Esskastaniencreme:
75 g Zucker
Mark von 1 Vanilleschote
70 ml Wasser
75 g Esskastanien aus der Dose
80 g Butter, in Stücke geschnitten
1 Ei
2 Eigelb
25 g Zucker

- Butter schaumig rühren.
- Puderzucker und Salz dazugeben.
- Mit dem Schneebesen das Ei unterschlagen.
- Mehl sieben, dazugeben und den Teig rasch zu einem Kloß verkneten. 1 Std. im Kühlschrank ruhen lassen.
- Teig mit den Handballen auf die Arbeitsfläche drücken und dabei die Hände von sich wegschieben, so dass ein flaches Rechteck entsteht.
- Teig in vier Teile schneiden, aufeinanderlegen und mit der Hand flachdrücken. Diesen Vorgang dreimal wiederholen. Teig 30 Min. im Kühlschrank ruhen lassen.
- Backofen auf 170 °C (Umluft: 150 °C) vorheizen.
- Teig ausrollen und eine gebutterte Tarteform damit auslegen.
- Tarte 25 Min. vorbacken.
- Für die Esskastaniencreme Zucker, Vanille und Wasser erhitzen.
- Esskastanien 30–40 Min. in diesem Sirup kochen, bis sie weich sind. Pürieren.
- Esskastaniencreme und Butter im heißen Wasserbad (s. S. 54) zerlassen.
- In einer Schüssel Ei, Eigelb und Zucker verquirlen.

Tartes und Tartelettes

❋ Eimischung mit der lauwarmen Buttermischung verrühren.
❋ Creme auf die Tarte streichen.
❋ Backhitze auf 160 °C (Umluft: 140 °C) verringern und Tarte weitere 15 Min. backen.

Tipp
In gutsortierten Feinkostläden gibt es fertige Esskastaniencreme zu kaufen (Sie benötigen für dieses Rezept 150 Gramm).

Mit meinem Vater an einem Strand in der Charente

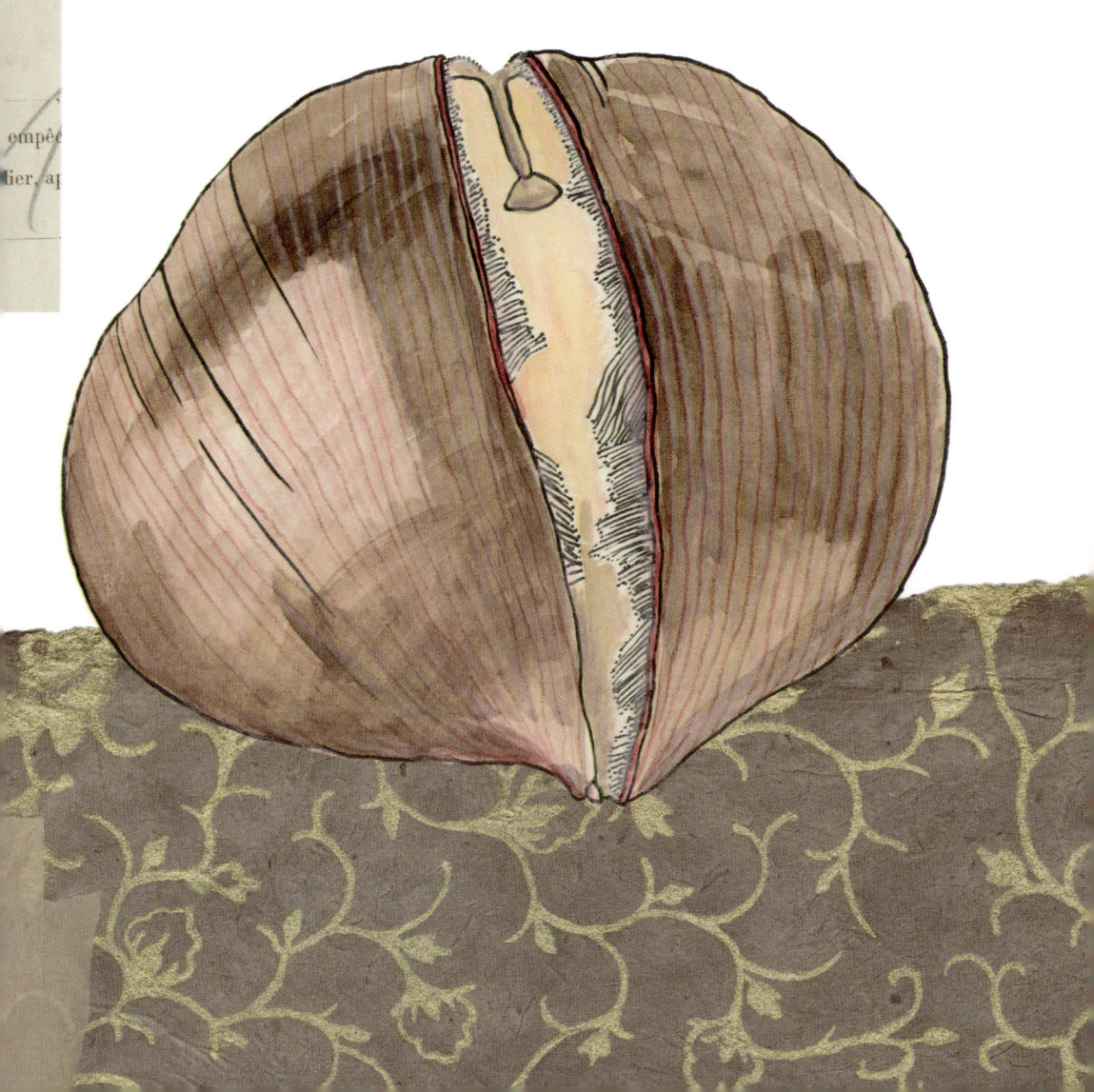

Tarte aux amandes, fruits secs et crème pâtissière

Karamellisierte Tarte mit Mandeln, Trockenfrüchten und Milchcreme

Zutaten für eine Tarteform (26 cm ø):
180 g Mehl
etwas Öl
1 Prise Salz
100 g Butter
etwas Wasser

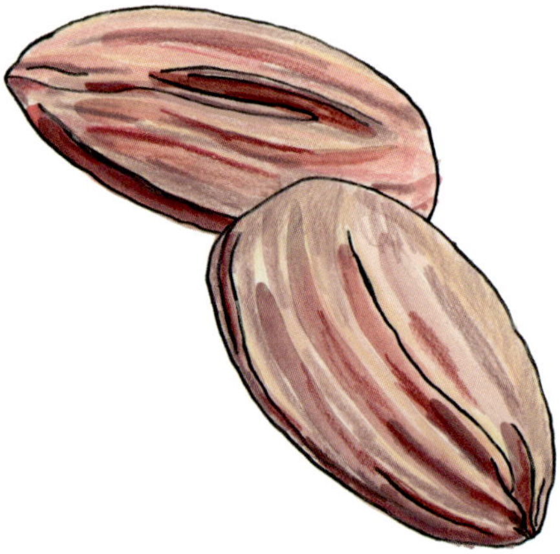

Zutaten für die Mandelcreme:
125 g gemahlene Mandeln
100 g zerlassene Butter
100 g Zucker
2 Tropfen Bittermandel-Aroma

Zutaten für die Milchcreme:
1 Eigelb
1 EL Mehl
100 ml Milch, erhitzt

Zutaten für die Früchte-Nuss-Mischung:
2 EL Zucker
12 getrocknete Aprikosen, entsteint und in dünne Scheiben geschnitten
12 getrocknete Pflaumen, entsteint und in dünne Scheiben geschnitten
50 g Haselnusskerne, fein gehackt
50 g ungesalzene Pistazien, fein gehackt
50 g Mandeln, fein gehackt
2 EL Orangensirup oder -gelee

- Mehl auf eine Arbeitsfläche geben. Öl, Salz und Butter in die Mitte geben.
- Mit den Fingerspitzen Mehl, Salz und Fett leicht verarbeiten.
- Wasser dazugeben, mit einem Holzlöffel umrühren, Teig mit den Handballen kneten und rasch zu einem Kloß formen. 1 Std. oder länger kühl ruhen lassen (bis zu 1 Tag).
- Für die Mandelcreme in einer Schüssel gemahlene Mandeln, Butter, Zucker und Aroma gut verrühren.

Tartes und Tartelettes

59

- ❊ Für die Milchcreme in einem kleinen Topf Eigelb, Mehl und heiße Milch verrühren und vorsichtig erhitzen, bis die Mischung eindickt. Abkühlen lassen.
- ❊ Mandelcreme und Milchcreme miteinander verrühren.
- ❊ Backofen auf 210 °C (Umluft: 190 °C) vorheizen.
- ❊ Boden der Tarteform mit Zucker bestreuen.
- ❊ Trockenfrüchte, Nüsse, Pistazien und Mandeln mit Orangensirup oder -gelee vermischen, in die Form füllen und darauf die Crememischung verteilen.
- ❊ Teig ausrollen und Creme und Früchte damit bedecken. Den Rand sorgfältig mit den Fingern hineindrücken.
- ❊ Tarte 20–30 Min. backen. Aus dem Ofen nehmen und sofort auf eine Servierplatte stürzen.
- ❊ Lauwarm mit Vanilleeis servieren.

In der Provence gehören *les quatre mendiants* (meist getrocknete Feigen, Rosinen, Haselnüsse und Mandeln) zu einem aus sieben Gerichten und 13 süßen Leckereien bestehenden Weihnachtsessen.

Suggestion de vin de Michel Rousseau
Ein Muscat

Ein Teil der Familie Rousseau

Tartelettes au citron du pays niçois

Zitronen-Tartelettes aus Nizza

Zutaten für 8–10 Tartelette-Formen:
180 g Mehl
etwas Öl
1 Prise Salz
100 g Butter
etwas Wasser
Butter für die Tartelette-Formen

Zutaten für die Zitronencreme:
1 Ei
150 g Zucker
Saft und abgeriebene Schale von 1 unbehandelten Zitrone
60 g Butter

- Mehl auf eine Arbeitsfläche geben. Öl, Salz und Butter in die Mitte geben.
- Mit den Fingerspitzen Mehl, Salz und Fett leicht verarbeiten.
- Wasser dazugeben, mit einem Holzlöffel umrühren, Teig mit den Handballen kneten und rasch zu einem Kloß formen. 1 Std. oder länger kühl ruhen lassen (bis zu 1 Tag).
- Backofen auf 200 °C (Umluft: 180 °C) vorheizen.
- Für die Zitronencreme in einer Schüssel Ei und Zucker verquirlen.
- Mit Zitronensaft, -schale und Butter verrühren.
- Teig ausrollen und die gebutterten Tartelette-Formen mit einem Großteil davon auslegen. Restlichen Teig in Streifen schneiden.
- Tartelettes mit Zitronencreme füllen, mit Teigstreifen verzieren und 25 Min. backen.

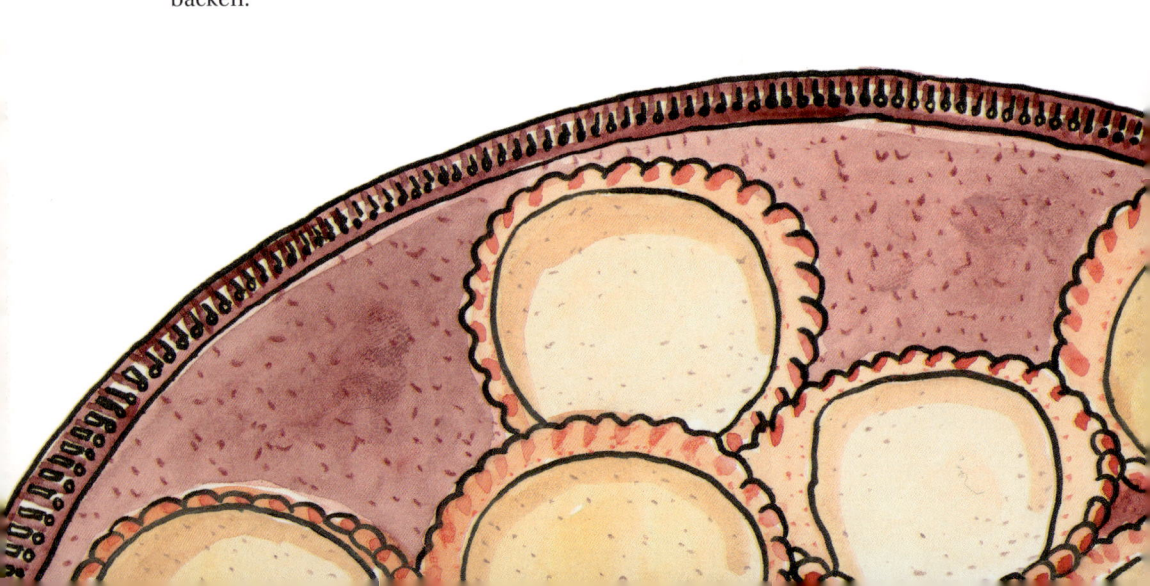

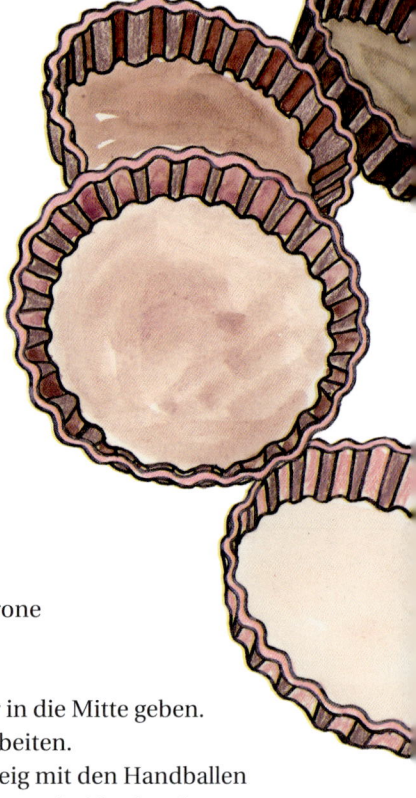

Tartes und Tartelettes

61

Petit plus

Sucre vanillé et sucre à la cannelle

Vanillezucker und Zimtzucker

Teetrinken bei Pierrette

Zutaten für Vanillezucker:
Mark von 4 Vanilleschoten
250 g Zucker

- Vanille und Zucker gut vermischen.
- In einem luftdicht verschließbaren Glasgefäß aufbewahren.

Zutaten für Zimtzucker:
1 Zimtstange
3 EL Zucker

- Zimtstange mit dem Zucker mischen und sorgfältig im Mörser zerstoßen.
- Mischung durch ein feines Sieb streichen.
- In einem luftdicht verschließbaren Glasgefäß aufbewahren.

Tipp
Vanille- und Zimtzucker eignen sich gut zum Süßen von Crêpes oder Waffeln und geben Backwaren ein feines Aroma.

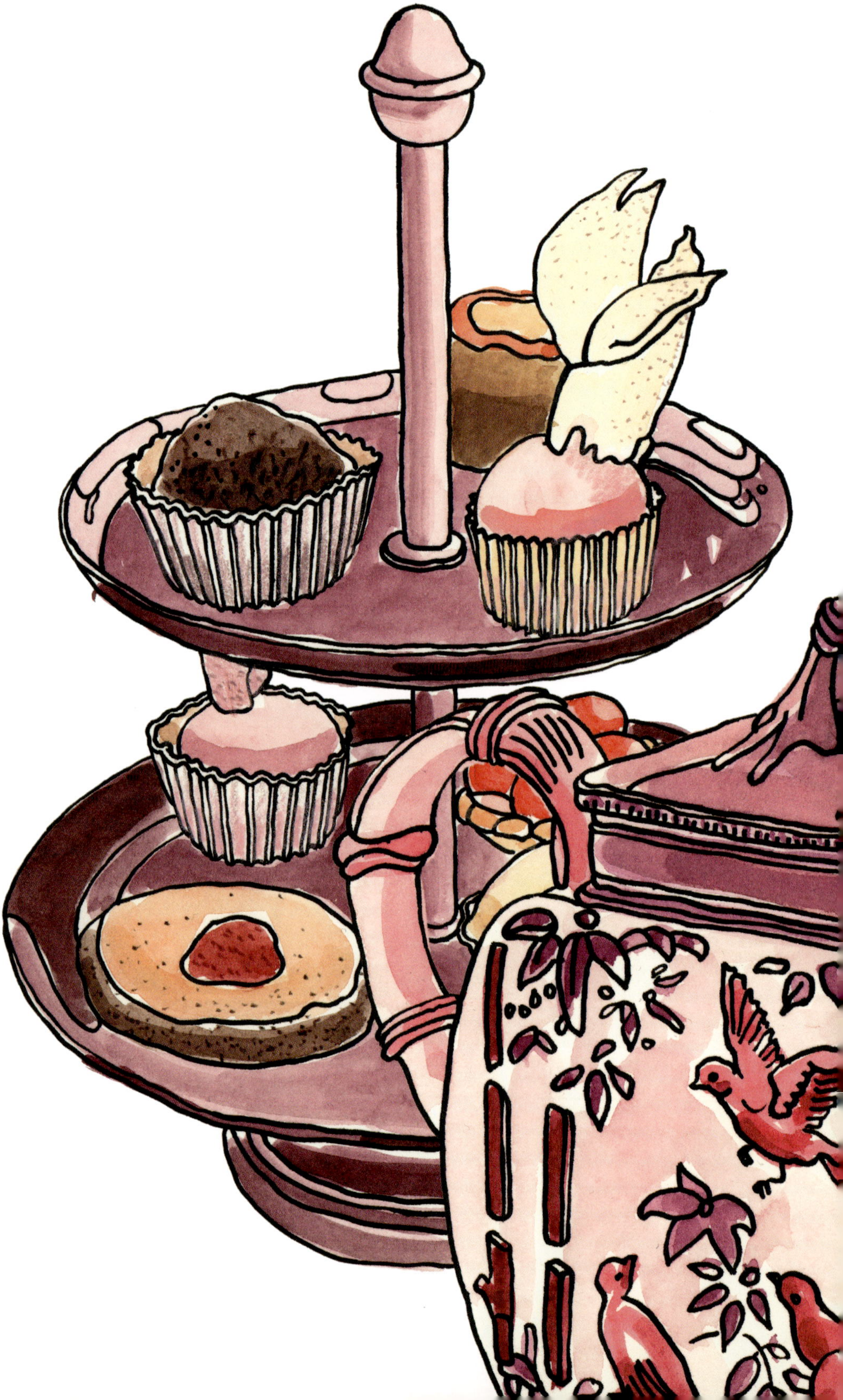

Chapitre quatre

Kapitel vier

Madeleine in ihrem Esszimm[er]

Thé de quatre heures chez Madeleine
Bei Madeleine zum Tee

Von meinen fünf »Patinnen« für alles Süße war Madeleine die Spezialistin für Kekse, Petits Fours und anderes Kleingebäck. Sie war die Patentante meines Vaters und gehörte für uns zur Familie. Sie wohnte mitten in Paris, und war man bei ihr zu Besuch, bekam man Petits Fours und Kekse angeboten, die sie in eleganten, farbig gemusterten Dosen aufbewahrte. Die Dosen präsentierte sie – wie bunte Edelsteine in der Vitrine eines Juweliers – auf dem Büfett in ihrem Esszimmer aufgereiht. Bei Madeleine war das Dekor König. Mit den vielen Intarsienmöbeln, Marmorbüsten und altmodischen Blumenbildern in goldenen Rahmen war ihre Wohnung etwas Besonderes. Sie selbst trat kokett, distinguiert, elegant und immer perlenbehangen auf – eine Mademoiselle, wie sie im Buche steht. Gebäck hielt sie zierlich zwischen Daumen und Zeigefinger. So sehe es nicht gar zu *gourmande* (naschsüchtig) aus, meinte sie.

Ihre Kekse waren der Inbegriff der Köstlichkeit – man nahm noch einen und noch einen, und damit es nicht so auffiel, reichte man die eleganten Dosen immer wieder herum, um selbst auch noch einmal hineingreifen zu können. So gab man sich hemmungslos der *gourmandise* hin und empfand nach einer Weile ein Gefühl von Überfluss, ja Schuld, es war fast so, als habe man ein kleines Vergehen begangen.

Madeleine (links) und ihre Schwester in Paris

Pariser Schick

Meine Mutter in einem Pariser Café

Wenn Madeleine keine Zeit oder keine Lust hatte zu backen, suchte sie eine der vielen Patisserien oder Confiserien auf und kaufte dort *macarons*. Für die zarten runden, leicht gewölbten, außen harten und innen weichen Makronen fuhr sie quer durch die ganze Stadt. Sie liebte vor allem Fauchon an der Place de la Madeleine (aber nicht in erster Linie der Namensgleichheit wegen!) und das legendäre Ladurée in der Rue Royale. *Macarons* und anderes Gebäck kaufen, das war für sie ein kleines Fest.

In diesen Patisserien nahm sie auch gern zusammen mit Freundinnen ihren *thé de quatre heures* ein. Diese Zwischenmahlzeit, bei der man etwas Süßes und ein heißes Getränk zu sich nimmt, heißt in Anlehnung an den englischen *five o'clock tea* so, obwohl die meisten Franzosen dazu nicht Tee, sondern Kaffee trinken. Bei ihrem *thé de quatre heures* bei Fauchon oder Ladurée probierte sie dann die neuesten *macaron*-Sorten. Sie sagte immer, diese Kreationen hätten etwas von Tausendundeiner Nacht für sie.

Madeleine und meine Mutter

Der Boulevard des Italiens in Paris

Man isst *macarons* einfach so, zusammen mit anderem Gebäck, zu einem Dessert oder auch anstelle des traditionellen Stücks Schokolade zum Kaffee oder zu einem Glas Champagner. *Macarons* in allen Farben und Variationen haben seit etwa 1930, als sie groß in Mode kamen, ganz Frankreich erobert. Es gibt sie in verschiedenen Frucht-Geschmacksrichtungen, mit Schokolade, Nüssen oder Pistazien. Ganze Bücher sind ihnen gewidmet. Kein Genießer, der nicht seine geheime Quelle für *macarons* hat. Kein Patissier, der nicht seine eigene *macaron*-Philosophie hätte, und keiner, der seine Rezepte für und mit *macarons* verriete! Ladurée, der sich auf *macarons* spezialisiert hat, verpackt seine Kekse in feinste Schachteln, die mittlerweile Sammlerwert haben, und das nicht nur, weil manche von Christian Lacroix entworfen wurden.

Madeleines Vorliebe galt außerdem den *tuiles*. Diese dünnen, meist wie Dachziegel *(tuiles)* geformten Kekse aus Sandteig, die genauso gut zu Kaffee wie zu Eis passen, findet man in jeder französischen Bäckerei. Man kauft sie schön verpackt und bewahrt sie luftdicht verschlossen auf, da sie Feuchtigkeit schlecht vertragen.

Manchmal ließ Madeleine sich auch *casse-dents* (»Zahnbrecher«) aus der Provence liefern, die so heißen, weil sie wie ihr italienisches Pendant, die *cantuccini*, so hart sind und große Mandelstücke enthalten. Auch sie bekommt man in fast jeder Patisserie. Man serviert sie zum Aperitif. So wie manche Leute ein Stück Zucker in ihren Kaffee tunken, tunkt man die *casse-dents* in den Aperitif.

Und dann liebte Madeleine natürlich auch Madeleines! Dieses weiche, meist wie eine längliche Muschel geformte Eiergebäck, das die Franzosen, obwohl jede Patisserie es führt, oft selbst backen und manchmal zum Frühstück verzehren, ist unter Ludwig XV. aufgekommen. Man sagt, es verdanke seinen Namen einer jungen, hübschen Bäuerin, deren Backkreation sich bis nach Versailles herumgesprochen habe. Proust hat die Madeleines bekanntlich literaturfähig gemacht. Für den erwachsenen Marcel, den Ich-Erzähler in Prousts berühmtem Roman *Auf der Suche nach der verlorenen Zeit*, weckt das Aroma von in Lindenblütentee getauchten Madeleines Erinnerungen an seine Kindheit, an das Haus seiner Tante Léonie. So wie für mich Madeleines, *tuiles* und *macarons* Erinnerungen an unsere Tante Madeleine heraufbeschwören. À la recherche du temps perdu …

Madeleine (links) mit meinen Eltern und Großeltern vor dem Pariser Rathaus

Petit gâteaux, biscuits et galettes
Kleingebäck und Kekse

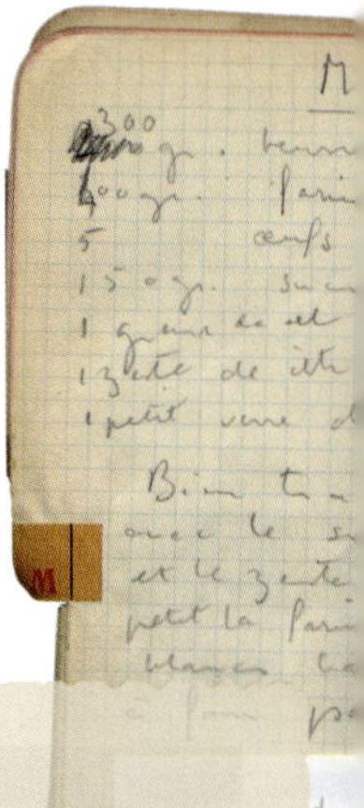

Am Seine-Ufer

Madeleines
Madeleines

Zutaten für 16–18 Stück:
2 große oder 3 kleine Eier
150 g Zucker
125 g sehr weiche Butter
5 Tropfen Vanille- oder Zitronen-Aroma
150 g Mehl, mit ½ Päckchen Backpulver vermischt
Butter für das Madeleine-Blech

✣ Backofen auf 200 °C (Umluft: 180 °C) vorheizen.
✣ In einer Schüssel Eier und Zucker schaumig schlagen. Butter und Aroma unterrühren.
✣ Mehl unterrühren.
✣ Vertiefungen im Madeleine-Blech buttern, je 1 EL Teig hineinfüllen und 8–10 Min. backen.
✣ Madeleines gleich nach dem Backen aus der Form lösen und lauwarm oder kalt servieren.

Suggestion de vin de Michel Rousseau
Ein Clairette de Die

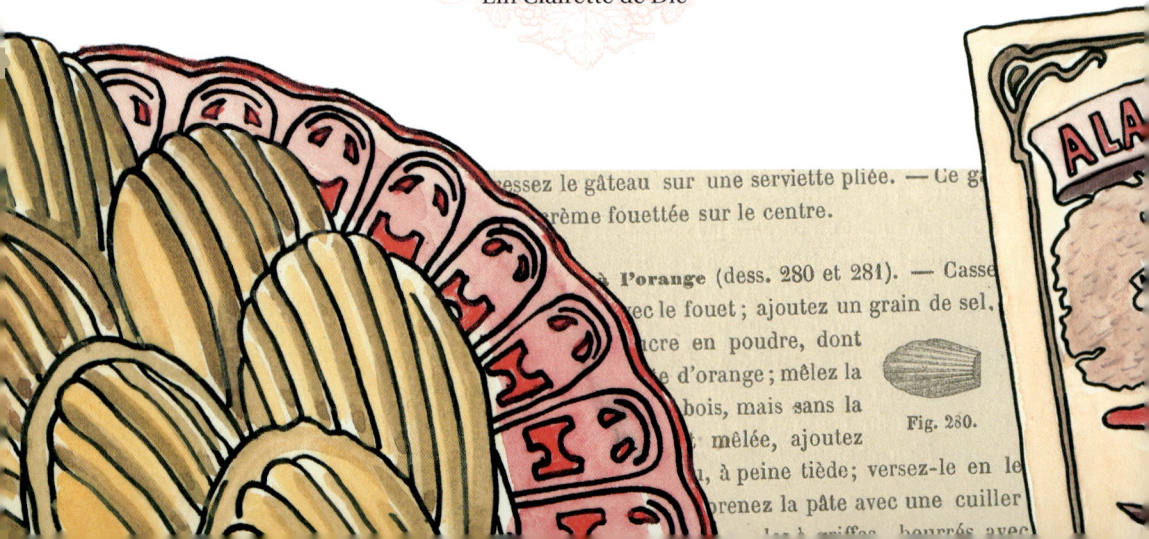

Financiers de Sully

Kleingebäck aus Sully

Zutaten für 10 Stück:
200 g weiche Butter
60 g Mehl
100 g Mandeln, abgezogen und gemahlen
180 g Puderzucker
1 TL Vanillezucker
6 Eiweiß
50 g Mandelstifte
Butter für die Muffinförmchen oder das -blech

✱ Backofen auf 240 °C (Umluft: 220 °C) vorheizen.
✱ In einem kleinen Topf Butter zerlassen und abkühlen lassen.
✱ In eine große Schüssel Mehl sieben und mit den gemahlenen Mandeln, dem Puderzucker und dem Vanillezucker vermischen.
✱ Eiweiß zu weichem Schnee schlagen und vorsichtig unter die Mehlmischung heben. Flüssige Butter unterziehen.
✱ Muffinförmchen buttern und mit Mandelstiften ausstreuen.
✱ Die Förmchen jeweils zu ¾ mit Teig füllen und 10 Min. backen.
✱ Gebäck noch heiß aus den Formen lösen, abkühlen lassen und servieren.

Naissance de Jean et galettes
Le Samedi 20 Avril 1912
à 8 heures 10 matin

Meine Eltern und Mamie zu Gast bei Madeleine

Amandines

Mandelküchlein

Zutaten für 6–8 Stück:
100 g weiche Butter
3 Eier
150 g Zucker
1 Päckchen Vanillezucker
1 Prise Salz
1 TL Bittermandel-Aroma
75 g Mandeln, abgezogen und gemahlen
125 g Mehl, mit 1 TL Backpulver vermischt und gesiebt
50 g gehobelte Mandeln
Butter und Mehl für die Tartelette-Formen oder ein Blech mit kleinen Mulden

- Backofen auf 150 °C (Umluft: 130 °C) vorheizen.
- In einer Schüssel Butter schaumig rühren.
- In einer anderen Schüssel Eier, Zucker und Vanillezucker weißschaumig schlagen und unter die Butter rühren.
- Salz, Aroma, gemahlene Mandeln und Mehl unterrühren und alles zu einem glatten Teig verarbeiten.
- Die gebutterten und mit Mehl bestäubten Formen zu ⅔ mit Teig füllen, gehobelte Mandeln darauf verteilen und 25 Min. backen.

Suggestion de vin de Michel Rousseau
Ein Muscat de Beaumes de Venise

Biscuits à la cuillère
Löffelbiskuits

Zutaten für etwa 20 Stück:
3 Eier
75 g Zucker
75 g Mehl
1 TL Orangenblütenwasser
Butter für das Backblech
Puderzucker

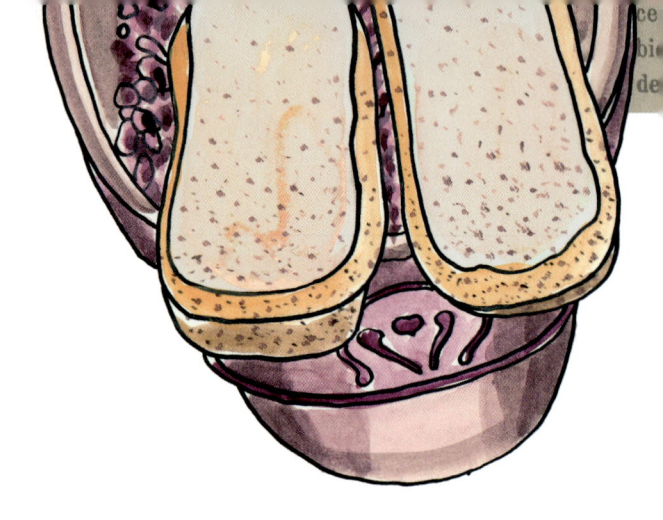

- Backofen auf 180 °C (Umluft: 160 °C) vorheizen.
- Eier trennen. In einer Schüssel Eiweiß steifschlagen. In einer anderen Schüssel Eigelb und Zucker weißschaumig schlagen und unter den Eischnee heben.
- Mehl sieben, zusammen mit Orangenblütenwasser zur Mischung geben und alles zu einem glatten Teig rühren.
- Fingerlange und fingerdicke Teigstreifen auf ein gebuttertes Blech spritzen.
- Etwa 20 Min. backen, aber nicht dunkel werden lassen (evtl. mit Alufolie abdecken).
- Auf dem Blech erkalten lassen und anschließend großzügig mit Puderzucker bestreuen.

Suggestion de vin de Michel Rousseau
Ein Muscat de Beaumes de Venise

Madeleine mit mir auf dem Arm und einer Freundin

Meringues

Gebackene Baisers

Zutaten für etwa 20 Stück:
4 Eiweiß
250 g Puderzucker
1 Päckchen Vanillezucker

- Backofen auf 110 °C (Umluft: 90 °C) vorheizen.
- In einer Schüssel Eiweiß steifschlagen und nach und nach Puderzucker und Vanillezucker zugeben.
- Die Creme im heißen Wasserbad (s. S. 54) so lange schlagen, bis ein Messerschnitt sichtbar bleibt.
- Blech mit Backpapier auslegen und mit einem Spritzbeutel kleine Häufchen daraufspritzen.
- Baisers 40–50 Min. backen und anschließend bei leicht geöffnetem Backofen über Nacht trocknen lassen.

Petit gâteaux, biscuits et galettes

Macarons de Saint-Émilion

Makronen aus Saint-Émilion

Zutaten für etwa 30 Stück:
2 Eiweiß
175 g Mandeln, abgezogen und gemahlen
150 g Zucker
1 TL Honig
4 EL lieblicher Weißwein aus Saint-Émilion
75 g Puderzucker

- Eiweiß steifschlagen.
- In einem kleinen Topf mit dickem Boden Mandeln mit Zucker und Honig vermischen und unter den Eischnee heben.
- Unter Rühren mit einem Holzlöffel etwa 5 Min. erhitzen und nach und nach den Wein zugeben, bis die Masse schön glatt ist.
- Die Masse in eine große Schüssel füllen, noch 1–2 Min. weiterrühren und gut abkühlen lassen.
- Backofen auf 180 °C (Umluft: 160 °C) vorheizen.
- Mit dem Spritzbeutel etwa 30 Teighäufchen auf ein mit Backpapier ausgelegtes Blech spritzen und leicht mit einem feuchten Löffel flachdrücken.
- Mit dem Puderzucker bestäuben und etwa 20 Min. backen.

Tipp
Diese Makronen schmecken am besten noch am selben Tag ganz frisch, die Rosenmakronen (s. S. 75) dagegen am Tag nach der Zubereitung.

Suggestion de vin de Michel Rousseau
Ein Blanc de Saint-Émilion

Macarons à la rose

Rosenmakronen

Zutaten für 80 Stück:
180 g Mandeln, abgezogen und sehr fein gemahlen
200 g Puderzucker
4 Eiweiß
1 TL Rosenwasser
8 Tropfen rote Lebensmittelfarbe

Zutaten für die Rosencreme:
2 Eier
3 Eigelb
200 g Zucker
300 g weiche Butter
1 TL Rosenwasser
8 Tropfen rote Lebensmittelfarbe

❋ Mandeln mit Puderzucker vermischen.
❋ Eiweiß mit Rosenwasser und Lebensmittelfarbe steifschlagen.
❋ Mandel-Zucker-Mischung vorsichtig mit dem Eischnee vermischen.
❋ Einen Spritzbeutel mit 1 cm breiter Lochtülle mit dem Teig füllen.
❋ Kleine Taler im Abstand von mind. 3 cm auf ein mit Backpapier ausgelegtes Blech spritzen.
❋ Bei 150 °C (Umluft: 130 °C) 50 Min. bei leicht geöffneter Ofentür trocknen lassen. Anschließend Makronen auf einem Kuchengitter abkühlen lassen.
❋ Für die Rosencreme Eier, Eigelb und Zucker im heißen Wasserbad (s. S. 54) schlagen, dann abkühlen lassen.
❋ Die Masse vorsichtig mit der Butter vermischen.
❋ Rosenwasser und Lebensmittelfarbe unterrühren.
❋ Die fertigen Makronen auf der Unterseite mit Rosencreme bestreichen und je zwei zusammensetzen. Im Kühlschrank fest werden lassen.

Suggestion de vin de Michel Rousseau
Ein Vouvray demi-sec

Plaisirs au café
Kaffee-Petits-Fours

Zutaten für etwa 20 Stück:
100 g Amaretti, mit Espresso beträufelt

Zutaten für die Mokkabuttercreme:
120 g Butter, zimmerwarm
30 ml Wasser
70 g Puderzucker
1 Ei
1 Eigelb
2 EL Instant-Kaffeepulver, mit etwas Wasser vermischt

Zutaten für den Überzug:
2 TL Instant-Kaffeepulver
100 g Crème fraîche
100 g weiße Schokolade, fein gehackt
etwa 20 Walnusshälften

- Amaretti auf ein Kuchengitter legen.
- Für die Mokkabuttercreme Butter in einer Schüssel schaumig rühren.
- In einem Topf Wasser und Puderzucker erhitzen. Den Sirup leicht köcheln lassen.
- Ei und Eigelb in einer Schüssel weißschaumig schlagen.
- Sirup hinzufügen und weiterschlagen, bis die Masse langsam erkaltet.
- Butter und Kaffeepulver hinzufügen und weiterschlagen.
- Mit einem Spritzbeutel auf jeden Keks einen Klecks Buttercreme spritzen.
- Amaretti 1 Std. ins Gefrierfach oder 2 Std. in den Kühlschrank stellen.
- Für den Überzug Kaffeepulver in eine Schüssel geben.
- In einem kleinen Topf Crème fraîche zum Kochen bringen, auf den Kaffee gießen und verrühren. Weiße Schokolade dazugeben und die Mischung glattrühren. Ist sie nicht flüssig genug, 1 TL heißes Wasser unterrühren.

Kleingebäck und Kekse

77

- ※ Mit einer Pralinengabel oder Messerspitze die Amaretti aufspießen, in die Kaffeecreme tauchen und auf das Gitter zurücksetzen.
- ※ Jeweils eine Walnusshälfte darauflegen.
- ※ In den Kühlschrank stellen, bis der Überzug etwas fester geworden ist, und servieren.

Suggestion de vin de Michel Rousseau
Ein Crémant d'Alsace

Petit gâteaux, biscuits et galettes
78

Petits fours napolitains
Petits Fours neapolitanische Art

Zutaten für etwa 30 Stück:
375 g gemahlene Mandeln
375 g Puderzucker
4 Eiweiß
je ein paar Tropfen rote und grüne Lebensmittelfarbe

❋ Backofen auf 180 °C (Umluft: 160 °C) vorheizen.
❋ In einer Schüssel Mandeln, Puderzucker und Eiweiß zu einem glatten Teig verrühren.
❋ Den Teig dreiteilen. Eine Portion mit roter Lebensmittelfarbe verrühren, die zweite mit grüner. Die dritte Portion weiß lassen.
❋ Jede Portion 6–8 mm dick zu einem schmalen Rechteck ausrollen. Den weißen Teigstreifen auf den grünen und zuoberst den rosa Teigstreifen auflegen, dann den dreistöckigen Streifen in Vierecke schneiden.
❋ Teigwürfel auf einem mit Backpapier belegten Blech 10–15 Min. backen.

Suggestion de vin de Michel Rousseau
Ein Bonnezeaux

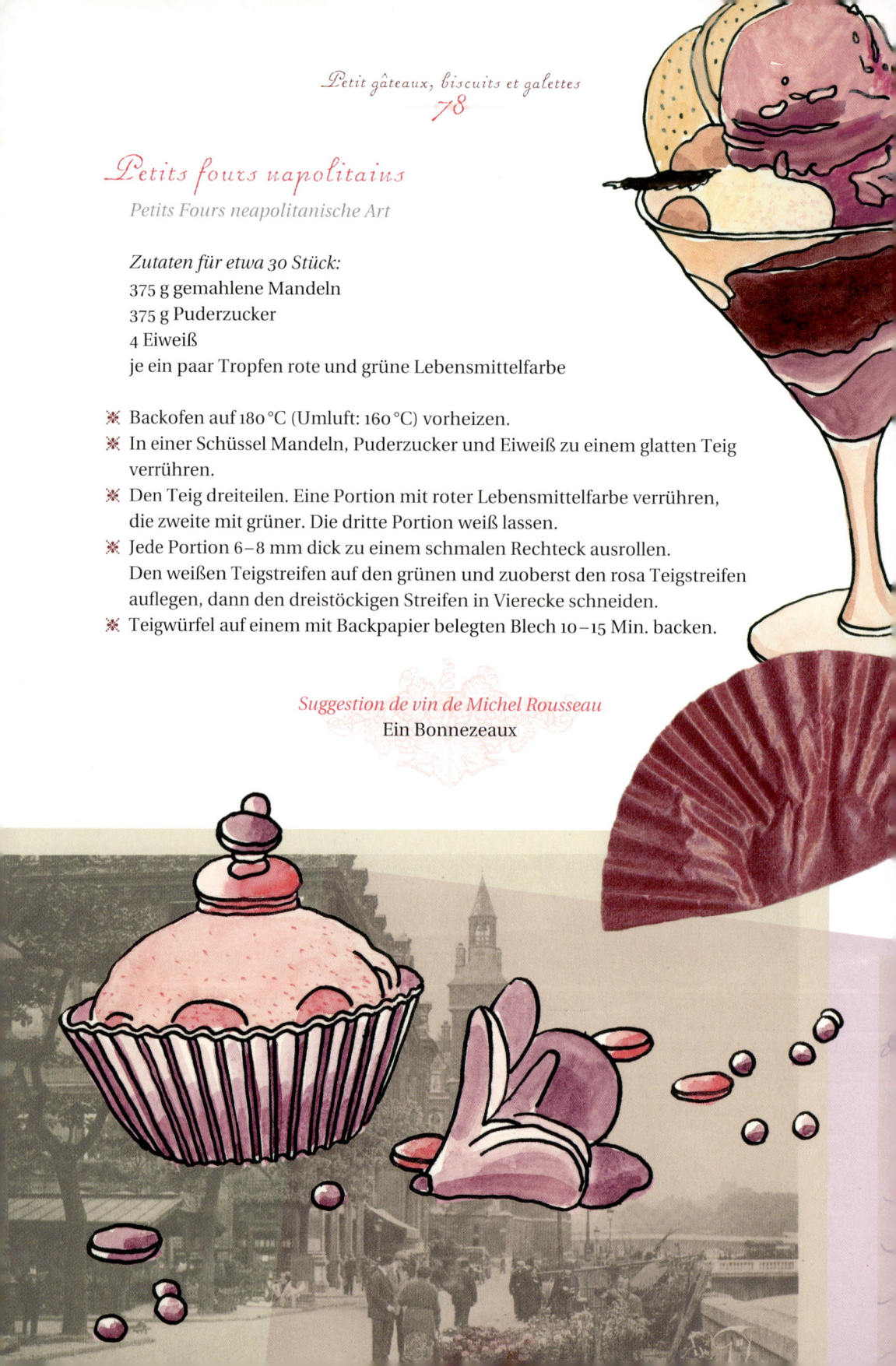

Kleingebäck und Kekse

Comtesses
Comtessen-Taler

Zutaten für 25 Stück:
450 g weiche Butter, in Stückchen
500 g Mehl
½ TL Salz
25 g Zucker

- Backofen auf 170 °C (Umluft: 150 °C) vorheizen.
- Butter in einer Schüssel schaumig rühren.
- Mehl auf die Arbeitsfläche sieben, Salz und Butter dazugeben und alles zu einem glatten Teig kneten.
- Teig 1 cm dick ausrollen und mit einem Ausstechförmchen oder Glas Kreise ausstechen.
- Teigkreise auf ein mit Backpapier ausgelegtes Blech setzen, mit Zucker bestreuen und etwa 30 Min. backen.
- Nach dem Abkühlen in einer luftdicht verschließbaren Dose aufbewahren.

Tipp
Comtessen-Taler sind eine passende Beilage zu Eis, Sorbet oder Obstsalat und übrigens ein schönes Beispiel für die alte Sitte, Gerichten, Kuchen und Gebäcksorten der *grande cuisine* Namen zu geben, die sich auf den Königshof oder wie hier die Aristokratie beziehen. Wer kennt nicht Gerichte *à la royale*?

Mit etwa drei auf der alten Mauer im Garten meiner Urgroßeltern

Jean-Luc beim Dreiradfahren

Petit gâteaux, biscuits et galettes

Galettes bretonnes
Bretonische Butterkekse

Zutaten für 30–35 Stück:
130 g weiche Butter
135 g Zucker
1 große Prise Salz
1 Ei
230 g Mehl, mit ½ Päckchen Backpulver vermischt
1 Eigelb
Zucker zum Bestreuen

- In einer Schüssel Butter mit Zucker und Salz verrühren.
- Ei hinzufügen und mit einem Holzlöffel einige Min. lang verrühren.
- Mehl dazugeben und alles zu einem glatten Teig kneten.
- Teig zu einer Kugel formen und in Frischhaltefolie eingewickelt 1 Std. im Kühlschrank ruhen lassen.
- Teig vierteln, aus jedem Viertel eine Rolle mit 3 cm Durchmesser formen und davon 1 cm dicke Scheiben abschneiden.
- Teigscheiben auf Backpapier setzen und nochmals etwa 1 Std. im Kühlschrank ruhen lassen.
- Backofen auf 220 °C (Umluft: 200 °C) vorheizen.
- Teigscheiben mit dem Backpapier auf ein Blech legen, mit einer Gabel kreuzförmig einritzen und mit Eigelb bestreichen, 10 Min. backen und noch heiß mit Zucker bestreuen.
- Nach dem Abkühlen in einer luftdicht verschließbaren Dose aufbewahren.

Tipp
Galettes werden gerne zu Mousse au Chocolat, Obstsalat, Kompott, Eis oder Sorbet gereicht.

Suggestion de vin de Michel Rousseau
Ein Cidre doux

Langues de chat

Katzenzungen

Zutaten für 45 Stück (2 Backbleche):
125 g weiche Butter
75–100 g Zucker
1 Päckchen Vanillezucker
2 Eier
125 g Mehl

- Backofen auf 200 °C (Umluft: 180 °C) vorheizen.
- Butter in Stückchen schneiden und in einer Schüssel mit einem Kochlöffel schaumig rühren.
- Zucker und Vanillezucker dazugeben und alles gut verrühren.
- Eier einzeln unterrühren.
- Mehl sieben, zur Masse geben und mit dem Schneebesen verrühren.
- Teig in einen Spritzbeutel füllen und 5 cm lange Katzenzungen im Abstand von je 2 cm auf ein mit Backpapier belegtes Blech spritzen.
- 10–15 Min. backen.
- Nach dem Abkühlen in einer luftdicht verschließbaren Dose aufbewahren.

Tipp
Man kann die Unterseite oder eine Hälfte der Katzenzungen in Schokolade oder jede Art von bunter Glasur tunken.

Suggestion de vin de Michel Rousseau
Ein Champagne Jacquesson rosé

62. - PARIS. — L'Église Saint-Germain-l'Auxerrois et la Mairie du 1ᵉʳ Arrondissement

Rathaus des ersten Pariser Arrondissement

Tuiles aux amandes

Mandelkekse

Zutaten für etwa 24 Stück:
125 g Puderzucker
1 Päckchen Vanillezucker
75 g Mehl
2 EL Butter, zerlassen
75 g Mandeln, fein gehackt
2 Eier
Butter für das Backblech
Öl für das Nudelholz

- Backofen auf 230 °C (Umluft: 210 °C) vorheizen.
- In einer großen Schüssel Puderzucker, Vanillezucker und Mehl mischen.
- Zerlassene Butter unter den Teig ziehen und Mandeln unterheben.
- Eier einzeln unter Rühren hinzufügen.
- Mit einem Teelöffel Teighäufchen mit reichlich Abstand voneinander auf ein gut gebuttertes Blech setzen und mit einem in kaltes Wasser getauchten Löffel leicht flachdrücken.
- 5 Min. backen, so dass die Kekse am Rand goldbraun (ansonsten hellgelb) sind.
- Ein Nudelholz gut einölen.
- Je drei Kekse mit einem Pfannenwender aus dem Ofen nehmen und sofort auf das Nudelholz drücken, um den »Dachziegelkeksen« ihre typische gebogene Form zu geben.
- Nach dem Erhärten vom Nudelholz nehmen und nach dem Abkühlen sofort in eine luftdicht verschließbare Dose füllen.

Suggestion de vin de Michel Rousseau
Ein Muscat de Beaumes de Venise

Palets de Dame aux raisins de Corinthe

Korinthenkekse

Zutaten für 25 Stück:
80 g Korinthen, gewaschen
1 EL Rum
125 g weiche Butter
125 g Puderzucker
2 Eier
150 g Mehl
1 Prise Salz

- Korinthen mit Rum übergießen und etwa 1 Std. ziehen lassen.
- Backofen auf 200 °C (Umluft: 180 °C) vorheizen.
- In einer großen Schüssel Butter mit Puderzucker verrühren. Eier einzeln unterrühren.
- Nacheinander Mehl, Korinthen mit Rum und Salz dazugeben und jeweils gut verrühren.
- Mit einem Teelöffel Teighäufchen in reichlich Abstand voneinander auf ein mit Backpapier ausgelegtes Blech setzen und 10 Min. backen.
- Kekse nach dem Abkühlen in einer luftdicht verschließbaren Dose aufbewahren.

Suggestion de vin de Michel Rousseau
Ein alter Rum

Biscuits au citron
Zitronenkekse

Zutaten für 40 Stück:
80 g weiche Butter
150 g Zucker
1 Ei
abgeriebene Schale von 1 unbehandelten Zitrone
175 g Mehl
Butter für das Backblech
100–150 g Lemon Curd

- Backofen auf 180 °C (Umluft: 160 °C) vorheizen.
- In einer großen Schüssel Butter schaumig rühren. Zucker dazugeben und verrühren, bis eine weiße, glatte Masse entsteht.
- Ei und Zitronenschale unterrühren.
- Mehl sieben, nach und nach unter Rühren dazugeben und den Teig gut durchkneten.
- Teig 8 mm dick ausrollen, mit Ausstechformen (Herzen oder Rauten) ausstechen, auf ein gebuttertes Blech setzen und 10 Min. backen.
- Kekse sofort vom Blech lösen und auf einem Kuchengitter abkühlen lassen.
- Die Kekse mit Lemon Curd bestreichen, je zwei zusammensetzen und sofort servieren.

Suggestion de vin de Michel Rousseau
Ein Muscat de Beaumes de Venise

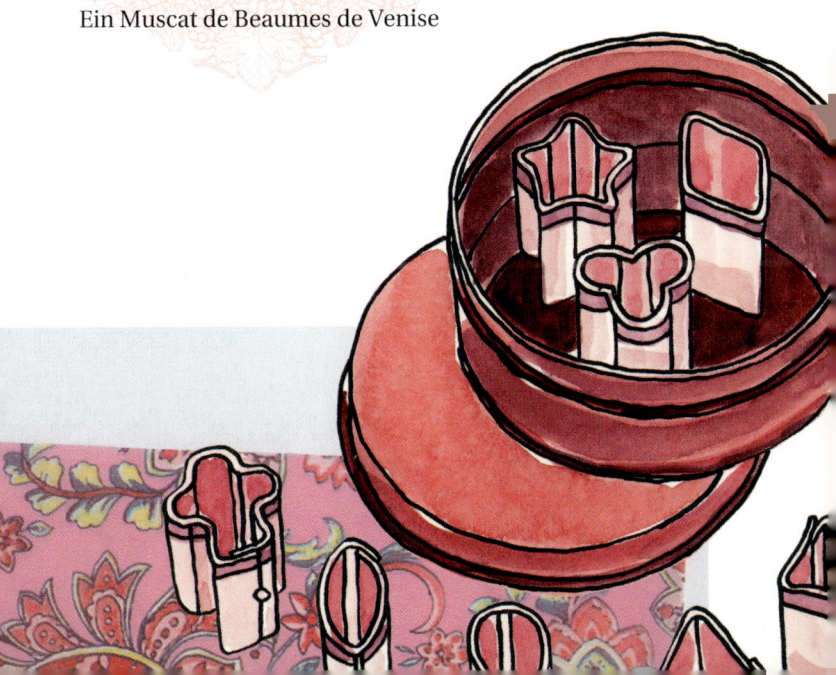

Petit gâteaux, biscuits et galettes

Galettes à la mandarine
Mandarinenkekse

Zutaten für 50–60 Stück:
160 g Mandeln, abgezogen und gehackt
abgeriebene Schale von 2 unbehandelten Mandarinen
70 g Mehl
100 g Zucker
1 Ei
1 Ei, getrennt
8 Tropfen rote Lebensmittelfarbe
Butter für das Backblech

❋ Backofen auf 180 °C (Umluft: 160 °C) vorheizen.
❋ In einer Schüssel Mandeln und abgeriebene Mandarinenschale mit Mehl, Zucker, Ei und Eigelb verrühren.
❋ Lebensmittelfarbe unterrühren.
❋ Eiweiß steifschlagen und unterheben.
❋ Mit einem Teelöffel kleine Häufchen auf ein gebuttertes Blech setzen und 15 Min. backen.

Suggestion de vin de Michel Rousseau
Ein Coteaux du Layon

Hochzeit meiner Eltern in Paris mit den Trauzeuginnen Madeleine und Gerlind

Kleingebäck und Kekse
87

Petit plus

Sirop de framboises ou de coings
Himbeer- oder Quittensirup

Zutaten:
1–2 kg Himbeeren oder 3–4 Quitten (geschält, entkernt und gekocht)
1 kg Zucker

- Himbeeren oder Quitten auspressen; das ergibt etwa 1 l Saft.
- Saft mit Zucker mischen und in einem Topf langsam bis zum Siedepunkt erhitzen. Hitze reduzieren und die Flüssigkeit auf die Hälfte einkochen lassen. Dann Topf sofort vom Herd nehmen. Sirup abschäumen und in Flaschen füllen. Dunkel und kühl lagern.
- Sirup mit kaltem Wasser, Weißwein oder Sekt servieren.

Tipp
In Frankreich wird zum *thé de quatre heures* im Sommer gerne Sirup, vermischt mit Wasser oder Sekt, als kalter, frischer Ersatz für den heißen Kaffee oder Tee getrunken.

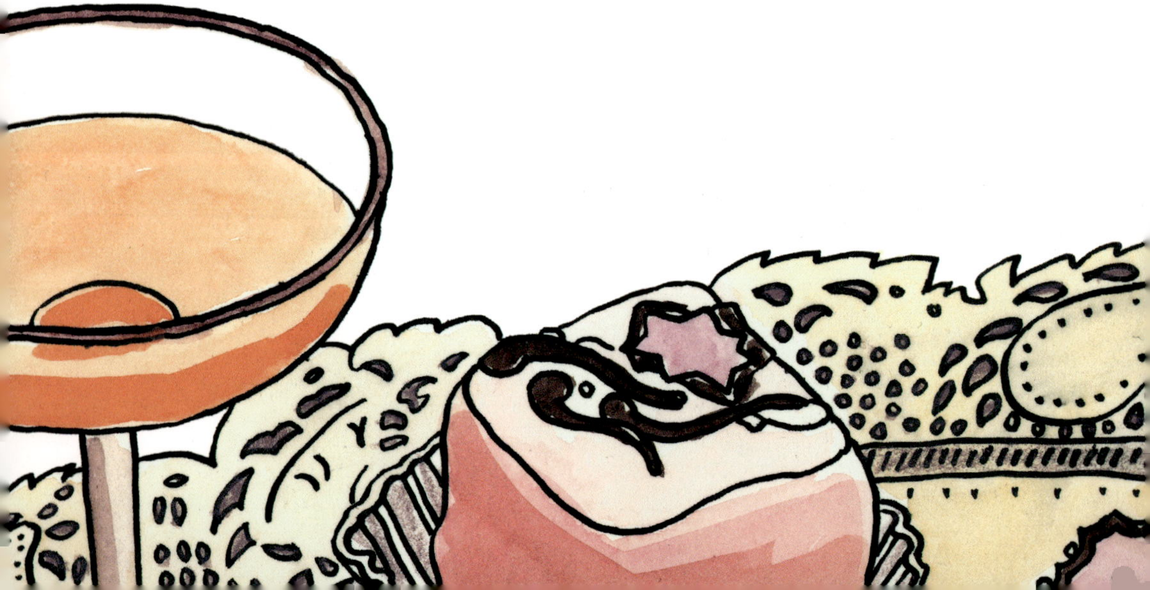

Chapitre cinq

Kapitel fünf

Les plaisirs de la table

Die Freuden des Tischdeckens

Die Aufforderung »*Vous mettez la table, les enfants?*« – »Tisch decken!« – hat bei mir, solange ich denken kann, immer Freude ausgelöst. Sie unterbrach zwar die Aktivitäten, in die wir Kinder gerade versunken waren, ging aber zugleich verlockenden bevorstehenden Genüssen voraus. Ob mehrgängiges Menü oder ein nachmittägliches Kaffeetrinken: der Tisch wurde jedes Mal schön und dem Anlass entsprechend festlich oder rustikal gedeckt.

Meine Mutter liebte Tischtücher und hatte stets einen Stapel perfekt gebügelter Decken im Schrank liegen. Wie fast alle Franzosen besaßen wir welche aus der Provence, außerdem solche aus der Charente sowie geerbte Tischdecken aus Leinen und hochwertiger Baumwolle. Die provenzalischen Stoffe eignen sich besonders gut für sommerliche Tafeln. Die bekannten bunten Muster gelangten im Mittelalter durch die Kreuzfahrer aus fernen Ländern nach Frankreich.

Unter den weißen Leinentischdecken für große Festessen waren manche, die meine Großmutter mit Liebe und Geduld mit unzähligen Motiven selbst bestickt hatte. Dank ihrer Leidenschaft fürs Nähen, Stricken und Sticken, der sie in ihrem winzigen Kurzwarenladen in Saint-Germain-en-Laye frönen konnte, beherrschte sie auch die traditionelle Stickkunst, die »Pariser Mode« genannt und oft auch für Leinenbettwäsche angewandt wurde.

War das Tischtuch ausgebreitet, kam das Geschirr an die Reihe. Unsere Schränke bargen viel altes Familiengeschirr: schlichtes weißes Porzellan, solches mit Goldrand oder Blümchenmuster oder handbemaltes blau-roséfarbenes mit Schmetterlingen von der Fayence-Manufaktur J. Vieillard & Cie aus Bordeaux, auf dem Lande auch Rustikales aus der nahe gelegenen Töpferei. Beim Besteck hatten wir Kinder schnell die Regel »Messer rechts, Gabeln links« erlernt. Schließlich komplettierten wir jedes Gedeck mit der zum Tischtuch passenden Serviette, die in einem gravierten silbernen Serviettenring steckte.

Und dann ließen wir unserer Phantasie freien Lauf, um dem Gekochten oder Gebackenen die gebührende Geltung zu verschaffen. Meine Mutter meinte: »Immer frische Blumen!« Diese Gewohnheit hatte sie von ihrem Vater übernommen, der von seinen Spaziergängen stets Blumen für den Tisch mitbrach-

Gedeckte Teetafel

Familiengeschirr

te. Blumen setzten sich als Dekoration für den bürgerlichen Tisch erst Anfang des 19. Jahrhunderts durch, als der *service à la russe* den *service à la française* verdrängte: Hatten zuvor viele Gerichte gleichzeitig auf dem Tisch gestanden und hatten die Platten aus Silber oder Steingut die ganze Tischfläche beansprucht, ging man nun dazu über, die Speisen nacheinander zu servieren. Die auf diese Weise frei gewordenen Flächen wurden fortan mit Schalen mit Obst oder mit Blumen gefüllt, wobei man auf stark duftende Sorten natürlich verzichtete. Auch achtete man auf gutes, etwas gedämpftes Licht und darauf, dass keine zu großen Kerzenhalter oder sonstigen Gegenstände den Gästen die Sicht versperrten.

Wir Rousseaus experimentierten gerne mit Grünzeug aus dem Garten unseres Landhauses – Efeuranken, Gräsern, Holzrinde, Moos, aber auch mit Gewürzen wie dem fruchtig duftenden roten Pfeffer. Um interessante Kontraste zu erzielen, kombinierten wir Blumen mit Gemüse oder Früchten, etwa Rosen mit Artischocken oder Himbeeren. Gerade die pflanzliche, leicht verderbliche Dekoration ist eine Freude fürs Auge und gilt darüber hinaus als Ausdruck von Großzügigkeit. Sie existiert nur für den Moment, für die Dauer der jeweiligen Mahlzeit. *La beauté n'est pas éternelle!*

In unserem Landhaus

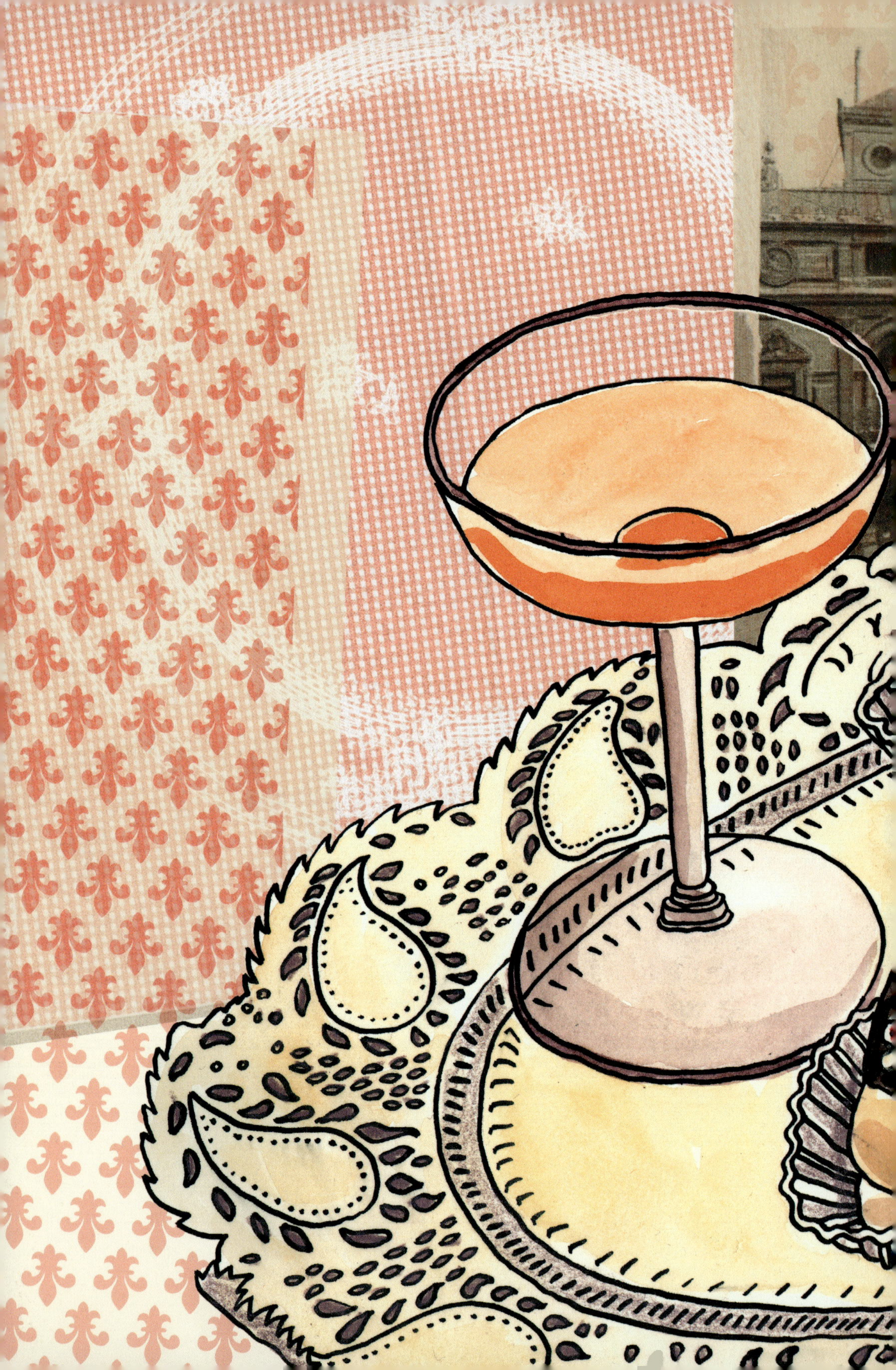

Pariser Impressionen, um 1920

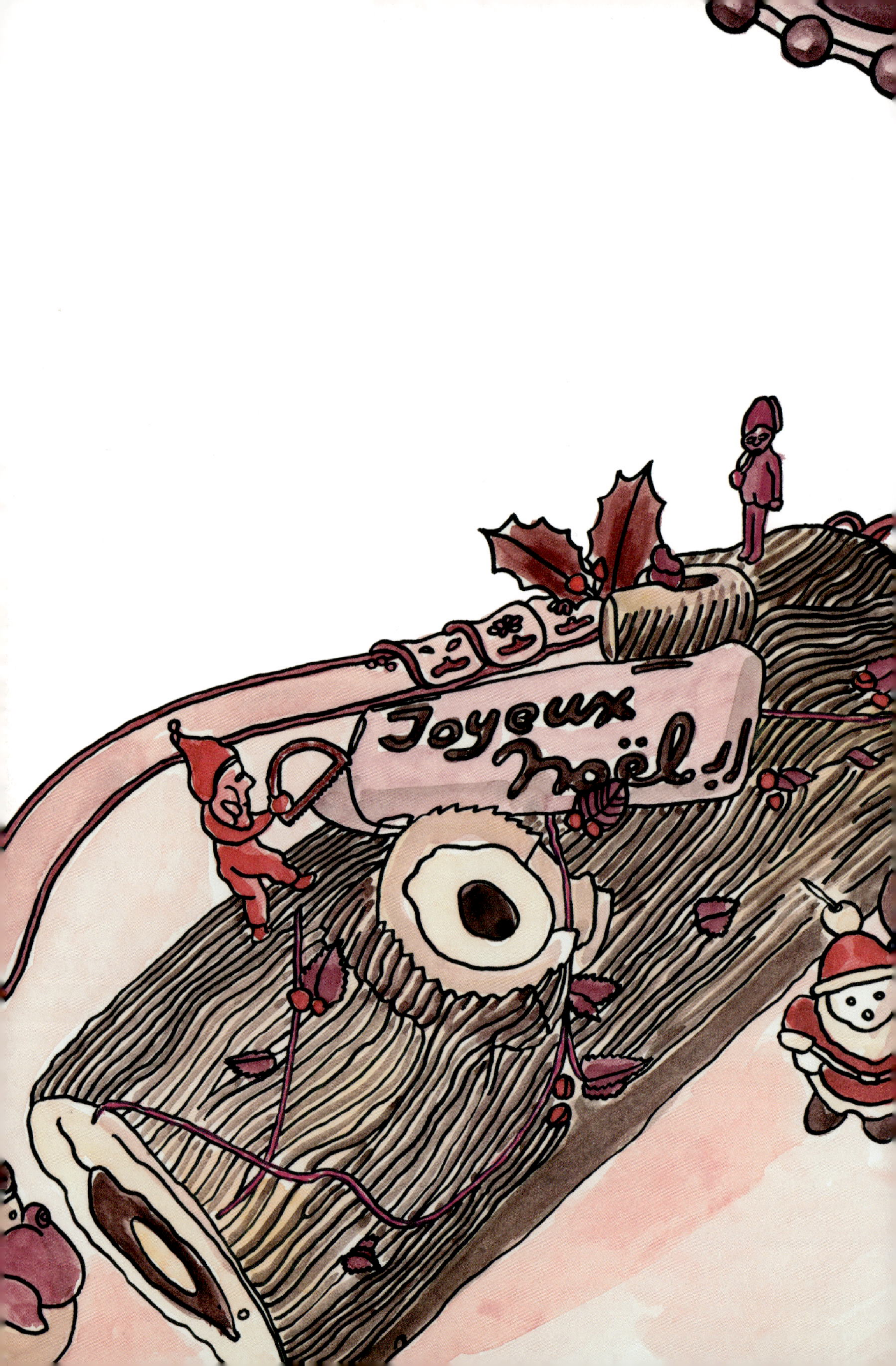
Joyeux
noël !!

Chapitre six

Kapitel sechs

Faire la fête!
Feste feiern!

In unserer Familie spielten die Feste eine große Rolle im Jahreslauf. Eines der ältesten, beliebtesten und traditionellsten französischen Feste ist die *fête des rois* am 6. Januar, mit dem die Ankunft der Heiligen Drei Könige im Stall von Bethlehem gefeiert wird. Dafür bereitete Mamie eine *galette des rois* zu, einen Marzipanblätterteigkuchen, in dem ursprünglich eine Bohne oder später gern eine kleine Porzellanfigur, die *fève*, versteckt wurde. Diese kleine Figur ist traditionell ein Jesuskind. Erst nach 1900 wurden unzählige andere Figuren erfunden, die in Frankreich eine wahre Sammelleidenschaft auslösten. Beim Servieren und Schneiden wurde der Kuchen mit einer weißen Serviette verhüllt, damit man die Porzellanfigur auf keinen Fall entdecken konnte. Es wurde immer ein Stück mehr aufgeschnitten, als es Gäste gab – *la part du Bon Dieu*, das Stück für den Armen, der als Nächster an die Tür klopfen würde. Der, dessen Kuchenstück die Figur enthielt, war König oder Königin und durfte die Krone aufsetzen, die es wie die *fèves* in Patisserien zu kaufen gibt.

Meine Großeltern mütterlicherseits und Mamie am Dreikönigstag

Meine Mutter als »Königin«

Mein Bruder beim Dekorieren für das Fest

Weihnachten übte natürlich auch eine besondere Faszination aus. In Frankreich findet die Bescherung erst am Morgen des 25. Dezember statt. Nachts kommt *père Noël* durch den Schornstein und legt den Kindern Geschenke in die Stiefel vor dem Kamin oder dem Tannenbaum. Für die Erwachsenen hingegen ist das Essen am Abend des 24. Dezember das zentrale Ereignis. Auf dieses *dîner* wird viel Wert gelegt. Bei uns fand es nicht nur im Kreis der Familie statt – wir luden auch Freunde oder eine alleinstehende Nachbarin dazu ein. Da gab jeder sein Bestes und bereitete sein Lieblingsgericht zu, damit das Essen unvergesslich wurde.

Um leckere, besondere und seltene Speisen auf den Tisch zu bringen, wird ausgiebig und teuer eingekauft und dann stundenlang gebrutzelt und gebacken. An Weihnachten werden viele Gänge, weit mehr als üblich, serviert. Das Essen dauert stundenlang, und am Schluss wird es mit der traditionellen *bûche de Noël* gekrönt. Welche Wurzeln die Tradition dieses »Holzscheit«-Kuchens hat, lässt sich nicht ganz eindeutig klären. Eine These besagt, dass ein brennendes Holzscheit, das die bösen Geister vertreiben sollte, in den Kamin des Weihnachtszimmers gelegt wurde. Nach den Festtagen wurde die Asche dann in der Hoffnung auf eine reiche Ernte auf die Felder gestreut.

In manchen Regionen Frankreichs gibt es noch andere besondere Weihnachtstraditionen. Wir sammelten *santons de Provence*, wundervolle bemalte, handgefertigte kleine Krippenfiguren aus Ton, die die Heilige Familie, aber auch Tiere und Vertreter aller Handwerke darstellen. Die Provence inspiriert viele Franzosen auch in kulinarischer Hinsicht. Dort ist es üblich, zu Weihnachten sieben Gerichte und dreizehn süße Leckereien aufzutischen. Bei den sieben Gerichten achtet man auf magere Kost; manchmal gibt es beispielsweise kein Fleisch. Und bei den süßen Leckereien sind es einfache Naschereien wie getrocknete Feigen, Rosinen, Haselnüsse und Mandeln. Diese vier nennt man *les quatre mendiants*, die vier Bettler.

Groß gefeiert wurden natürlich auch Hochzeiten. Besonders gern erinnere ich mich an die meines Bruders Jean-Luc, die in unserem Landhaus stattfand. Am Ausgang der Dorfkirche erwartete der alte, verschmitzt lächelnde Akkordeonspieler schon die aus nah und fern herbeigereisten Gäste, um sie bis zum Haus zu begleiten. Dort spielte er, auf einem alten Holzhocker sitzend, bis tief in die Nacht. Seine beschwingte, nostalgische Musik animierte die Gäste dazu, in dem speziell für diesen Anlass aufgestellten, nur von Lampions beleuchteten Holzpavillon im Garten ausgelassen zu tanzen. Auch im Haus selbst wurde getanzt, im großen Kaminraum. Erst im Morgengrauen des nächsten Tages stellte man fest, dass der Lehmboden so durchgetanzt war, dass ein Teil von ihm bedrohlich nach unten durchhing. Der Boden musste renoviert werden, und noch heute wird über den schwergewichtigen »Schuldigen« gewitzelt, der bei der schönen mehrstöckigen Hochzeitstorte und dem *fraisier*, einem festlichen Erdbeerkuchen, der zu später Stunde vom Dorfbäcker serviert worden war, wohl zu kräftig zugelangt hatte. *Une fête inoubliable!*

Mamie und Papie liebten das Walzertanzen

Mitternachtsbuffet

Der alte Akkordeonspieler

99

Jean-Lucs dritter Geburtstag

Petits-Pois au Beurre

Entremets :

Gâteau de riz aux Confitures

Dessert :

Fromage de Gruyère

VINS

Service
Xérès
Blanche 1861
Palmer 1864

2ᵐᵉ Service
Mouton Rothschild 1846
Romanée Conti 1858
Bellenger frappé
Grand Porto 1827

Gâteaux de fêtes

Festtagskuchen und -torten

Gâteau de Pâques

Osterkuchen

Zutaten für eine Kastenform (30 cm Länge):
200 g feine dunkle Schokolade, in kleine Stücke geschnitten
75–100 ml heißer starker Kaffee
150 g Butter
100 g Zucker
5 Eier, getrennt
2–3 EL Maisstärke
Butter oder Backpapier für die Form
4 EL Kirschwasser

- Backofen auf 200 °C (Umluft: 180 °C) vorheizen.
- Schokolade im heißen Kaffee auflösen.
- In einer Schüssel Butter und Zucker weißschaumig schlagen und mit Eigelb verrühren.
- Schokolade und Maisstärke verrühren, hinzufügen und gut weiterrühren.
- Eiweiß steifschlagen und vorsichtig unterheben, darauf achten, dass der feste Schnee dabei seine Konsistenz nicht verliert.
- Teig in eine gebutterte oder mit Backpapier ausgelegte Form geben und 30–40 Min. backen.
- Sobald der Kuchen etwas abgekühlt ist, mit Kirschwasser beträufeln.

Tipp
Diesen Osterkuchen kann man mit Rosinen oder gemahlenen Mandeln anreichern und mit getrockneten oder kandierten Früchten verzieren.

Charlotte aux fraises
Erdbeer-Charlotte

Zutaten für eine Charlotteform (20 cm ø) oder, zur Not, eine Springform (26 cm ø):
6 Blatt weiße Gelatine
1 kg Erdbeeren, gewaschen und entstielt
60 g Puderzucker
750 g Sahne
250 g Löffelbiskuits

- Gelatineblätter in kaltem Wasser auflösen.
- Ein paar Erdbeeren für die Dekoration beiseitestellen. Den Rest pürieren.
- Gelatineblätter vorsichtig ausdrücken.
- In einem Topf ein Viertel des Erdbeermuses mit Puderzucker erhitzen. Gelatine hinzufügen und verrühren. Topf vom Herd nehmen.
- Restliches Mus hinzufügen und verrühren.
- Sahne unterrühren.
- Alle Löffelbiskuits kurz in Wasser tauchen. Boden und Rand der Form mit einem Teil davon auskleiden, dann abwechselnd Erdbeermasse und die restlichen Biskuits hineinfüllen. Die letzte Schicht besteht aus Biskuits.
- Charlotte mind. 4 Std. kühlen.
- Zum Servieren die Form kurz in heißes Wasser stellen und die Charlotte auf eine Platte stürzen.
- Mit den beiseitegestellten Erdbeeren verzieren und sofort servieren.

Tipp
Die Charlotte kann man zusätzlich mit Schlagsahne festlich garnieren.

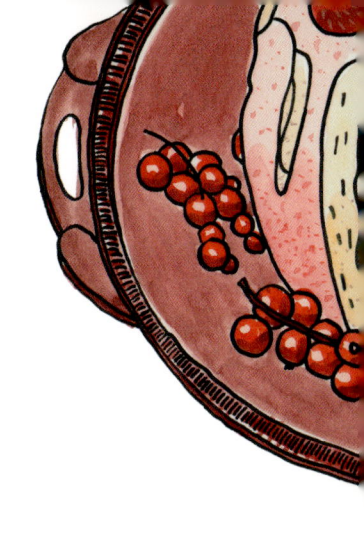

Suggestion de vin de Michel Rousseau
Ein Champagne rosé Jacquesson

So wird der Hochzeitschampagner eingeschenkt

Fraisier

Festlicher Erdbeerkuchen

Zutaten für eine Springform (26 cm ø):
4 Eier, getrennt
1 Prise Salz
120 g Zucker
1 Päckchen Vanillezucker
120 g Mehl, mit 1 TL Backpulver vermischt
Butter für die Form

Zutaten für den Sirup:
100 ml Wasser
50 g Zucker
3 EL Grand Marnier

Zutaten für die Creme:
300 g Butter
3 Eier
300 g Zucker
2 EL Grand Marnier
500 g Erdbeeren, gewaschen und entstielt

Zutaten für die Verzierung:
Puderzucker
200 g grünes oder rosa Marzipan

※ Backofen auf 150 °C (Umluft: 130 °C) vorheizen.
※ Für den Teig Eiweiß mit Salz steifschlagen.
※ In einer Schüssel Eigelb, Zucker und Vanillezucker weißschaumig schlagen.
※ Mehl über die Eigelbmischung sieben und unterrühren.
※ Eischnee vorsichtig unterheben.
※ Teig in die gebutterte Form füllen und 25 Min. backen.
※ Für den Sirup in einem kleinen Topf 100 ml Wasser mit Zucker aufkochen. Abkühlen lassen und mit Grand Marnier verrühren.
※ Für die Creme Butter schaumig rühren.
※ Im heißen Wasserbad (s. S. 54) Eier verquirlen, Zucker nach und nach dazugeben und zu einer lockeren Schaummasse schlagen.

- ❋ Masse in eine kalte Schüssel geben, dann unter ständigem Rühren mit der Butter vermischen.
- ❋ Grand Marnier unterziehen.
- ❋ Boden einmal quer halbieren und beide Böden mit Sirup bestreichen.
- ❋ Einen Kuchenboden auf eine Servierplatte legen und mit der Hälfte der Buttercreme bestreichen.
- ❋ Einige ganze Erdbeeren zur Verzierung beiseitelegen. Weitere ganze Erdbeeren in die Buttercreme drücken und den Kuchenrand mit Erdbeerhälften besetzen.
- ❋ Die Fläche mit Erdbeeren mit der restlichen Creme bestreichen und den zweiten Kuchenboden auflegen.
- ❋ Arbeitsfläche mit Puderzucker bestreuen. Marzipan zu einer sehr dünnen runden Platte in der Größe des Kuchens darauf ausrollen.
- ❋ Marzipanplatte auf den Kuchen legen und mit Erdbeeren verzieren.

Suggestion de vin de Michel Rousseau
Ein Champagne Jacquesson oder Muscat

Gâteau d'oranges

Orangenkuchen

Zutaten für eine Springform (26 cm ø):
170 g Zucker
4 kleine Eier
50 g Orangeat
200 g Mehl, mit 2 EL Backpulver vermischt
Butter für die Form

Zutaten für die Glasur:
Saft von 2 Orangen
250 g Puderzucker
abgeriebene Schale von 2 unbehandelten Orangen

- In einer Schüssel Zucker und Eier 30 Min. schlagen.
- Backofen auf 200 °C (Umluft: 180 °C) vorheizen.
- Orangeat und Mehl unterheben.
- Teig in die gebutterte Form gießen und 25 Min. backen.
- Für die Glasur Orangensaft und Puderzucker so verrühren, dass keine Klümpchen zurückbleiben.
- Den erkalteten Kuchen rundum mit Glasur bestreichen und mit der abgeriebenen Orangenschale bestreuen.

Tipp
Man kann die Glasur auch mit roter Lebensmittelfarbe färben.

Suggestion de vin de Michel Rousseau
Ein Vouvray pétillant oder ein Muscat de Rivesaltes

Génoise au Kirsch

Kirschwasserkuchen

Zutaten für eine Springform (26 cm ø):
4 Eier, getrennt
95 g weiche Butter
125 g Zucker
125 g Mehl
1 Prise Salz
1 EL Kirschwasser
Butter für die Form

✳ Backofen auf 200 °C (Umluft: 180 °C) vorheizen.
✳ Eigelb, Butter und Zucker schaumig schlagen.
✳ Mehl, Salz und Kirschwasser unterrühren.
✳ Eiweiß steifschlagen und unterheben.
✳ In eine gebutterte Form füllen und 30 Min. backen.

Tipp
Um dem Kuchen eine festliche Note zu geben, kann man ihn mit Zuckerguss glasieren und mit kandierten roten Früchten garnieren oder mit einer Buttercreme füllen.

Feier im kleinen Kreis

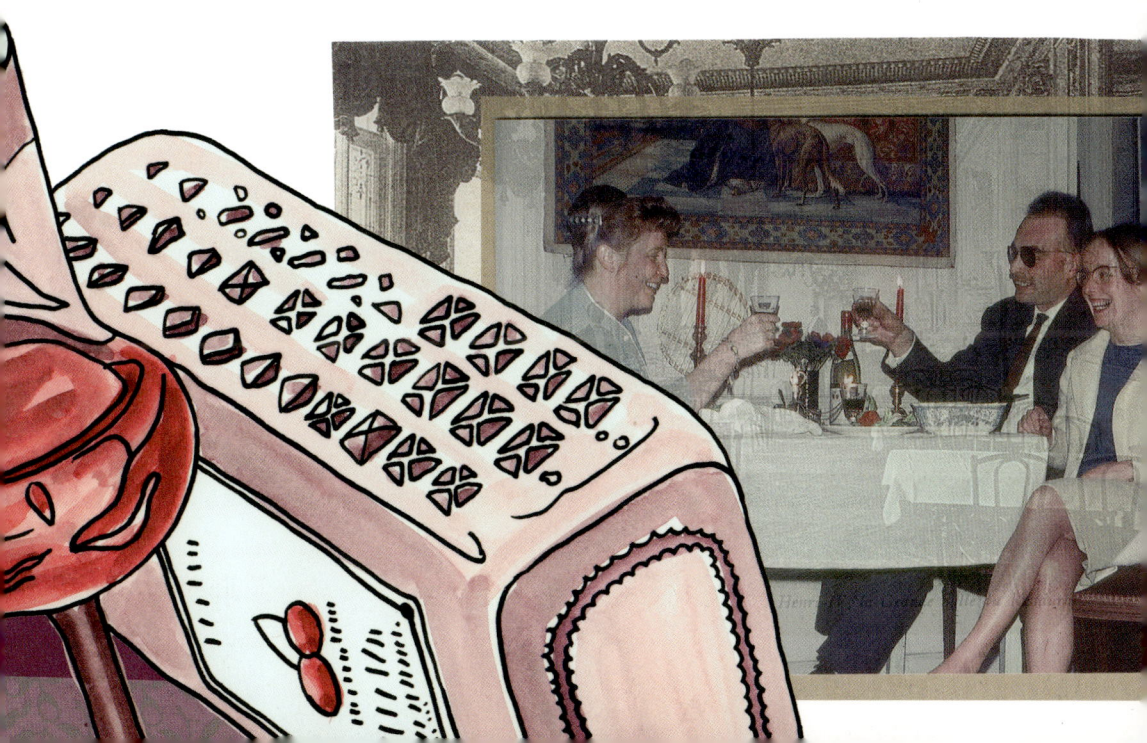

Baba lorrain glacé au rhum

Glasierter Lothringer Rum-Baba

Zutaten für eine Gugelhupfform (24 cm ø):
250 g Mehl, mit 1 Päckchen Backpulver vermischt
1 Prise Salz
50 g Zucker
4 Eier
50 g Crème fraîche
80 g weiche Butter
Butter für die Form

Zutaten für die Glasur:
185 g Butter, zerlassen
200 g Puderzucker
2 EL Milch
evtl. Lebensmittelfarbe

Zutaten für den Sirup:
300–400 ml trockener Weißwein
150 g Zucker
1 gehäufter TL Kartoffelstärke
Rum (Menge nach Geschmack)
1 Eigelb

Papie beim Vorlesen eines Bilderbuchs

- Mehl auf die Arbeitsfläche geben und eine Mulde hineindrücken.
- Salz, Zucker und Eier in die Mulde geben und mit einem Holzlöffel nach und nach mit dem Mehl verrühren.
- Crème fraîche und Butter unterrühren und gut einarbeiten.
- In einer gebutterten Form 15 Min. ruhen lassen.
- Backofen auf 200 °C (Umluft: 180 °C) vorheizen.
- Kuchen 30 Min. backen.
- Für die Glasur Butter, Puderzucker und Milch sowie Lebensmittelfarbe, falls gewünscht, verrühren und in den Kühlschrank stellen, bis sie fest, aber noch leicht zu formen ist.
- Für den Sirup in einem Topf Wein und Zucker langsam erhitzen und köcheln, bis er dickflüssig ist.

Im Pavillon Henri IV. in Saint-Germain-en-Laye kann man fein Tee trinken

- ✱ In einem kleinen Topf Stärke in Rum auflösen, langsam erhitzen und eindicken lassen.
- ✱ Eigelb mit einer Gabel verschlagen und in den Sirup rühren.
- ✱ Rum-Stärke-Mischung in den Sirup rühren. Nicht mehr kochen.
- ✱ Im heißen Wasserbad (s. S. 54) warm halten.
- ✱ Baba mit dem Sirup tränken und abkühlen lassen. Mit einem Messer die Glasur darüber verstreichen.

Suggestion de vin de Michel Rousseau
Ein alter Rum oder ein Vin de paille du Jura

Gâteaux de fêtes
108

Bûche de Noël chocolat-cognac
Weihnachtstorte mit Schokolade und Cognac

Zutaten für den Sirup:
100 ml Wasser
50 g Zucker
2 EL Cognac

Zutaten für die Schokoladencreme:
200 g Butter
2 Eier
200 g Zucker
3 EL Kakaopulver
2 EL Cognac

Zutaten für den Teig:
3 Eier, getrennt
1 Prise Salz
140 g Zucker
1 TL Vanille-Aroma
2 EL Wasser
80 g Mehl, mit 1 TL Backpulver vermischt
40 g Maisstärke
Butter für das Backpapier

Zutaten für die Glasur:
100 g feine dunkle Schokolade
4 EL Sahne
kandierte Veilchenblüten o. Ä.
75 ml Puderzucker

Weihnachten mit Mamie

- Für den Sirup in einem kleinen Topf Wasser mit Zucker aufkochen und abkühlen lassen. Cognac hinzufügen.
- Für die Creme Butter schaumig rühren.
- Im heißen Wasserbad (s. S. 54) Eier und Zucker schaumig schlagen.
- Eimischung in eine kalte Schüssel geben und unter ständigem Rühren mit der Butter vermischen.
- Erst das Kakaopulver, dann den Cognac unterrühren.

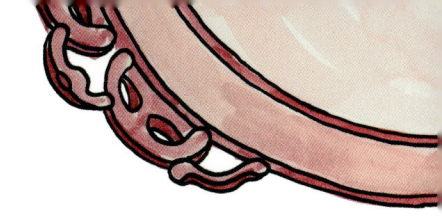

- Backofen auf 180 °C (Umluft: 160 °C) vorheizen.
- Für den Teig Eiweiß mit Salz steifschlagen.
- In einer Schüssel Eigelb, Zucker und Vanille-Aroma kräftig verrühren.
- 2 EL Wasser dazugeben und mit Mehl und Maisstärke verrühren.
- Eischnee vorsichtig unterheben.
- Ein Blech mit gebuttertem Backpapier auslegen, Teig darauf verstreichen und etwa 10 Min. backen.
- Das Biskuit auf ein gezuckertes Küchentuch stürzen und das Backpapier entfernen. Biskuit mit dem Tuch aufrollen und auskühlen lassen.
- Bikuit wieder entrollen, Tuch entfernen, Biskuit mit Sirup bestreichen und Creme gleichmäßig darauf verteilen.
- Biskuit vorsichtig zusammenrollen und evtl. zur Verschönerung der Rolle beide Enden schräg abschneiden. Biskuitrolle in den Kühlschrank stellen.
- Für die Glasur im heißen Wasserbad (s. S. 54) Schokolade schmelzen. In einem kleinen Topf Sahne erhitzen. Schokolade aus dem Wasserbad nehmen und heiße Sahne in drei Portionen hineinrühren.
- Puderzucker dazugeben und glattrühren. Glasur in den Kühlschrank stellen, bis sie fest, aber noch leicht zu formen ist.
- Biskuitrolle mit der Glasur überziehen, Glasur mit einem Messer glattstreichen.
- Mit den Veilchenblüten garnieren. Kuchen in den Kühlschrank stellen.

Suggestion de vin de Michel Rousseau
Ein Maury

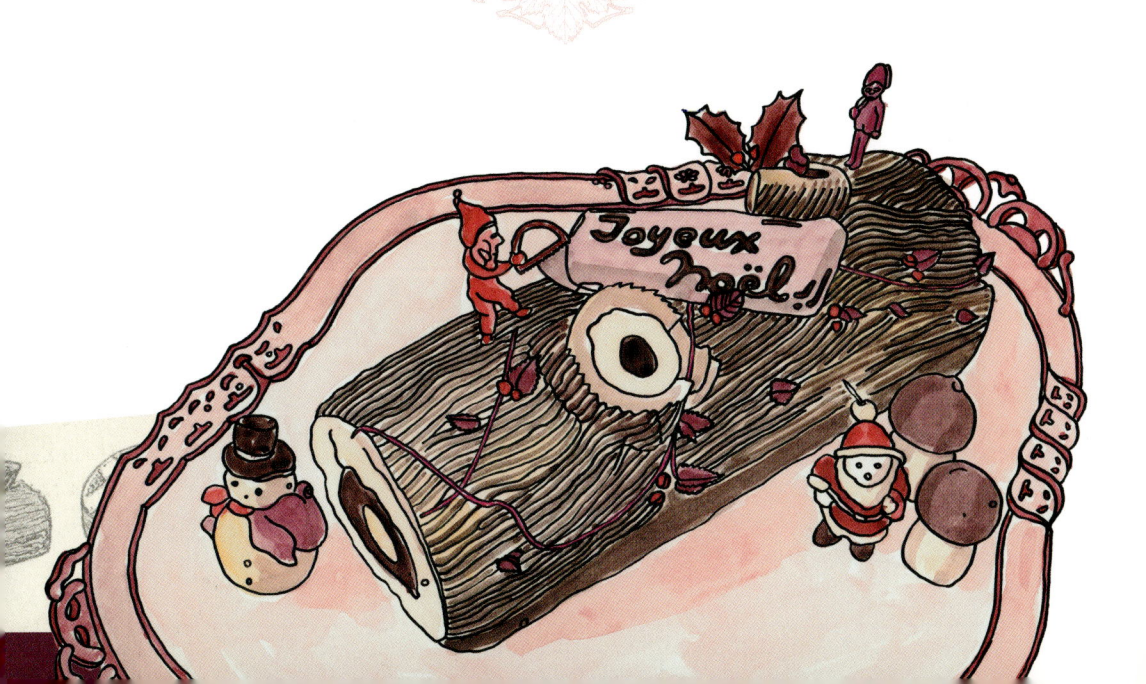

Moka de fête

Mokkatorte

Zutaten für eine Springform (26 cm ø):
4 Eier, getrennt
1 Prise Salz
120 g Zucker
1 Päckchen Vanillezucker
120 g Mehl, mit 1 TL Backpulver vermischt
Butter für die Form

Zutaten für den Sirup:
100 ml Wasser
30 g Zucker
1 TL Instant-Kaffeepulver
4 EL Kaffeelikör

Zutaten für die Mokkacreme:
300 g Butter
3 Eier
300 g Zucker
3 TL Kaffeelikör

- Backofen auf 180 °C (Umluft: 160 °C) vorheizen.
- Für den Teig Eiweiß mit Salz steifschlagen.
- In einer Schüssel Eigelb, Zucker und Vanillezucker weißschaumig schlagen.
- Mehl in die Eigelbmischung rühren.
- Eischnee vorsichtig unterheben.
- Teig in die gebutterte Form füllen und 25 Min. backen.
- Für den Sirup in einem kleinen Topf Wasser mit Zucker zum Kochen bringen und das Kaffeepulver darin auflösen.
- Sirup abkühlen lassen und Kaffeelikör hineinrühren.
- Für die Creme Butter schaumig rühren.
- Im heißen Wasserbad (s. S. 54) Eier verquirlen, Zucker nach und nach dazugeben und alles zu einer lockeren Schaummasse schlagen.
- Masse in eine kalte Schüssel geben und unter ständigem Rühren mit der Butter vermischen.
- Kaffeelikör unterziehen.

- Fertig gebackenen Kuchen quer in drei Böden schneiden.
- Etwas Creme für die Verzierung beiseitestellen. Den ersten Boden auf eine Servierplatte setzen, mit Sirup beträufeln und mit Mokkacreme bestreichen. Den zweiten Boden daraufsetzen und genauso verfahren, ebenso mit dem dritten.
- Die beiseitegestellte Creme in einen Spritzbeutel füllen und kleine Rosetten als Verzierung aufspritzen. Kühl stellen.

Suggestion de vin de Michel Rousseau
Ein Muscat de Rivesaltes

Petit plus

Décoration au caramel

Karamelldekoration

Zutaten:
100 g Zucker
2 EL Wasser
etwas Zitronensaft

- In einem Topf Zucker mit Wasser unter Rühren langsam erhitzen, bis der Zucker schmilzt und eine schöne hellbraune Farbe annimmt.
- Damit der Karamell länger flüssig bleibt, kann man einige Tropfen Zitronensaft einrühren.
- Eine Gabel oder einen Löffel in den flüssigen Karamell tauchen und mit raschen Bewegungen auf Backpapier Gittermuster und andere Formen tropfen lassen. Die Muster erkalten sehr schnell und lösen sich leicht vom Papier. Man kann den flüssigen Karamell auch gitterförmig in eine Schöpfkelle tropfen lassen; so entsteht ein kleines Karamellkörbchen, das man zum sofortigen Genuss hübsch mit Früchten oder Eis füllen kann.

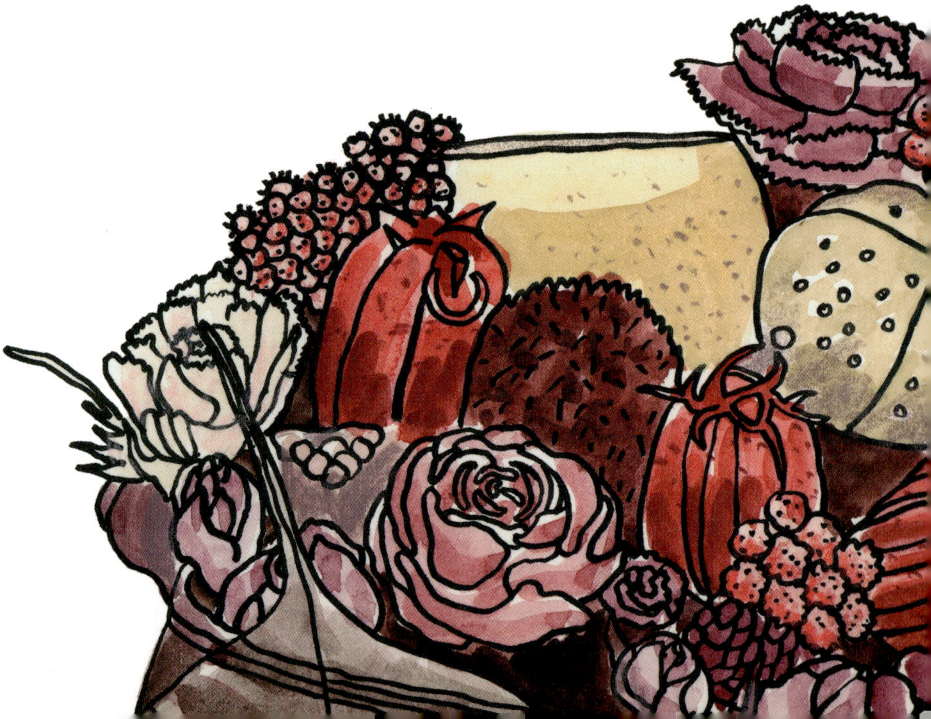

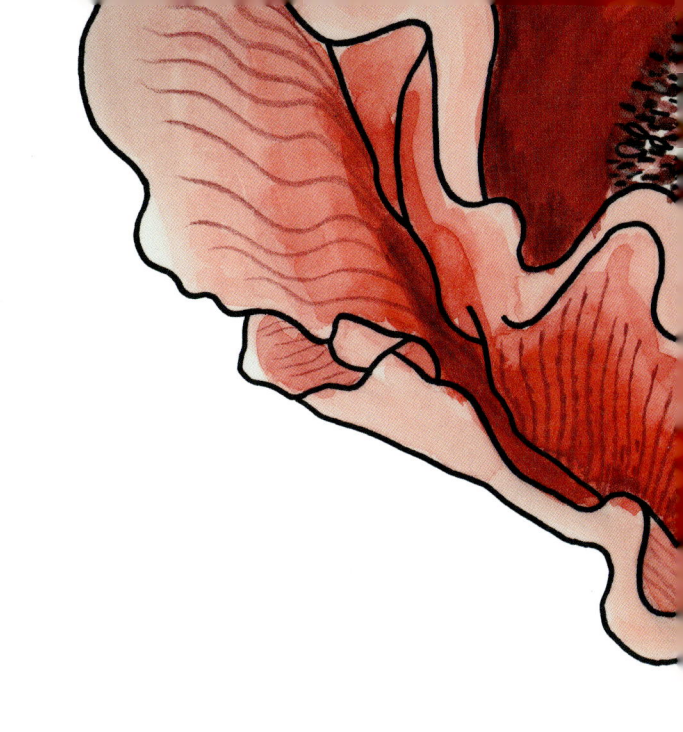

Chapitre sept

Kapitel sieben

Violettes, graines de pavot et roses dans la pâtisserie

Veilchen, Mohn und Rosen in der Patisserie

Mamies weißes Küchenbüfett in Saint-Germain-en-Laye hatte Schubladen mit umfunktionierten Messingglocken als Griffen und altmodischen kleinen Schütten aus Glas, in denen sie Zucker, Mehl und andere Back- und Kochzutaten aufbewahrte. Eine Schütte enthielt Blumenaromen. Sie liebte diese Aromen sehr und benutzte sie für viele ihrer Kuchen und Bonbons.

Da gab es *la violette*, das Aroma des Veilchens. Mamie erzählte uns Kindern, dass diese süß duftende Blume das Wahrzeichen der stolzen Stadt Toulouse sei und eine »Hymne« auf die Frauen. Mamie liebte historische Romane und griff beim Erzählen gerne auf die Geschichte zurück. Sie meinte, mit dem Veilchen werde auf die Boudoirs der Damen früherer Zeiten mit ihren eleganten Toilettentischen angespielt. So hüllte beispielsweise Madame de Pompadour sich oft in Veilchenduft. Seit dem 18. Jahrhundert ist das Veilchen auch in der Patisserie sehr beliebt und verleiht vielen Kuchen und Bonbons eine besondere Note und ein blumiges Aroma.

Mamie und ihre Mutter beim Sticken im Garten in Segonzac

In der Schütte von Mamies Küchenbüfett teilte sich das Veilchen den Platz mit der Rose, der Blume der Liebe und der ewigen Jugend. Gebäck, das mit Rosenwasser aromatisiert wird, gilt in Frankreich als das Gebäck der Verliebten. Das hat Mamie gut gefallen. Sie erzählte uns, dass Rosen in der Kochkunst seit der Antike bekannt seien. Schon damals wurden die Blütenblätter eingelegt und Rosenöl und Rosenwasser aus ihnen destilliert. Im Mittelalter benutzten Mönche sie zur Herstellung von Medizin. Mamie meinte, sie hätten wohl geahnt, dass manchmal Liebe, für die die Rose symbolhaft steht, die beste Therapie ist. Rosen parfümieren Zucker oder Tee, sind die Basis von Likören und Konfitüren. Mamie nahm Rosenwasser für ihre Kuchen und Bonbons. Was sie nicht mehr erlebte, ist die Verwendung ganzer Rosenblütenblätter in Salaten. Ich glaube, das hätte ihr nicht so gut gefallen. Da sie aus einer Weingegend stammte, mochte sie aber Rosenbowle, die sie mit den Blütenblättern von zwölf frischen Rosen ansetzte. Die übergoss sie mit einem Esslöffel Rum und einer Flasche Rotwein. Vor dem Servieren kamen eine weitere Flasche Rotwein und eine Flasche Sekt dazu. Mamies Rosenbowle wird kein Zucker zugesetzt, so dass sich das Rosen-Aroma wunderbar entfalten kann.

Meine Eltern in den sechziger Jahren

Auch über die Vanille und über Orangenblüten wusste Mamie Geschichten zu erzählen. Ein Urgroßonkel von ihr, Pierre Marie Cudennec, lebte mehrere Jahre als *évêque*, Bischof, auf der Insel Martinique und in anderen französischen Kolonien. Ein paar Tage vor Ausbruch des Vulkans Montagne Pelée im Jahr 1902 traf er wieder in seiner Heimat ein, im Gepäck nicht nur Samen exotischer Pflanzen, feine Perlen und Muscheln in kleinen runden Körbchen, mit denen wir als Kinder stundenlang bei meiner Großmutter spielten, sondern auch viel Wissen über Gewürze und andere Pflanzen, die in den Kolonien gediehen.

So auch über die Vanille. Mamie erzählte, dass dieses Gewürz Ende des 16. Jahrhunderts zwar durch die Spanier in Europa bekannt wurde, seinen Namen *vanille* (»kleine Schote«) jedoch von einem Franzosen, Père Plumier, verliehen bekommen hat, was meine patriotischen Landsleute mit Stolz erfüllte. Die beste Vanille wurde ab Mitte des 19. Jahrhunderts auf der Île de la Réunion angebaut, einer wunderschönen, dicht bewachsenen Insel im Indischen Ozean, die früher nach einem alten französischen Adelsgeschlecht Bourbon hieß. Wir liebten die Blume ohne Duft, deren Schote, einmal aufgeschlitzt und ausgeschabt, das Aroma für unzählige Kuchen, Eiskreationen und Bonbons meiner Großmutter lieferte.

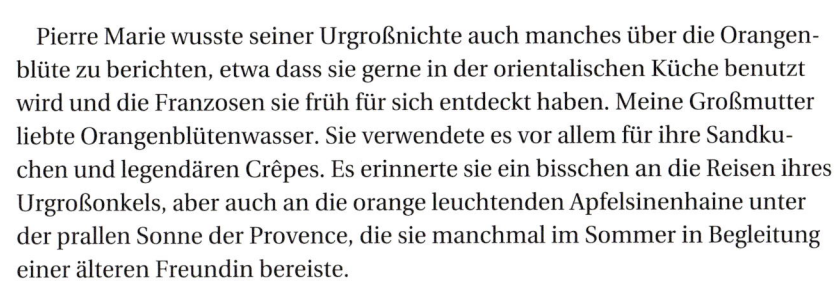

Pierre Marie wusste seiner Urgroßnichte auch manches über die Orangenblüte zu berichten, etwa dass sie gerne in der orientalischen Küche benutzt wird und die Franzosen sie früh für sich entdeckt haben. Meine Großmutter liebte Orangenblütenwasser. Sie verwendete es vor allem für ihre Sandkuchen und legendären Crêpes. Es erinnerte sie ein bisschen an die Reisen ihres Urgroßonkels, aber auch an die orange leuchtenden Apfelsinenhaine unter der prallen Sonne der Provence, die sie manchmal im Sommer in Begleitung einer älteren Freundin bereiste.

Aus dem Süden brachte sie einmal Rezepte mit einer weiteren Blume mit – der Mohnblume, deren Blütenblätter sie in Milch einlegte. Mamie liebte die Impressionisten, auf deren Gemälden, etwa solchen von Monet, Mohnblumen zu sehen sind, und fand diese zarte Blume mit ihrem feurigen Rot »zum Essen schön«. Sie verwendete die eingelegten Mohnblüten für Bonbons und Sirup. Sogar in dieser Form blieb die Mohnblume für sie immer die schöne rote Blume, die die Feldwege der Provence oder der Charente säumt. *Souvenir gourmand…*

Urgroßmutter Ida

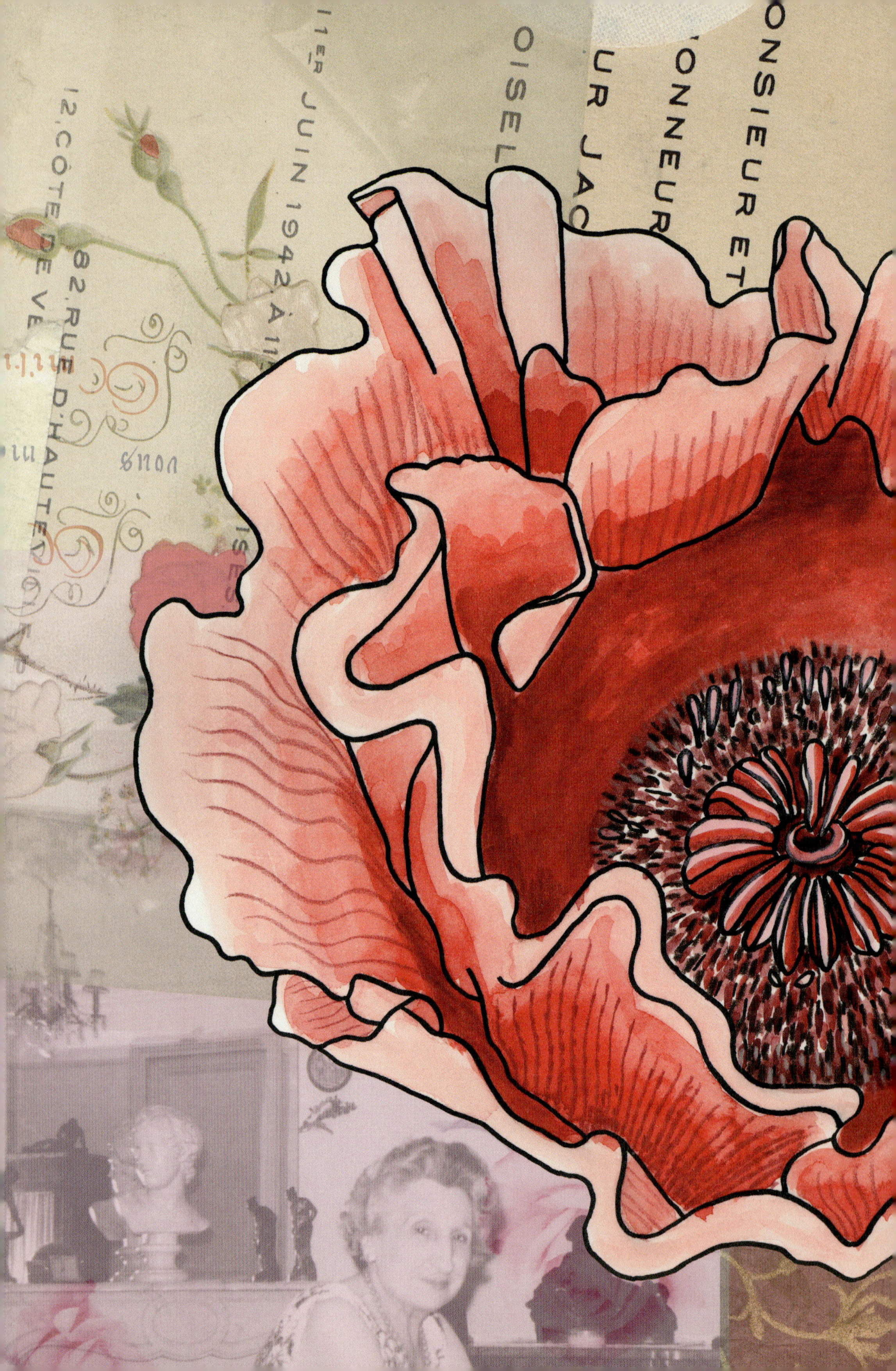
ONSIEUR ET
ONNEUR
UR JAC
OISEL
11ER JUIN 1942 À 11
82, RUE D'HAUTEV
12, CÔTE DE VE

105. — PARIS. — Le Boulevard des Itali

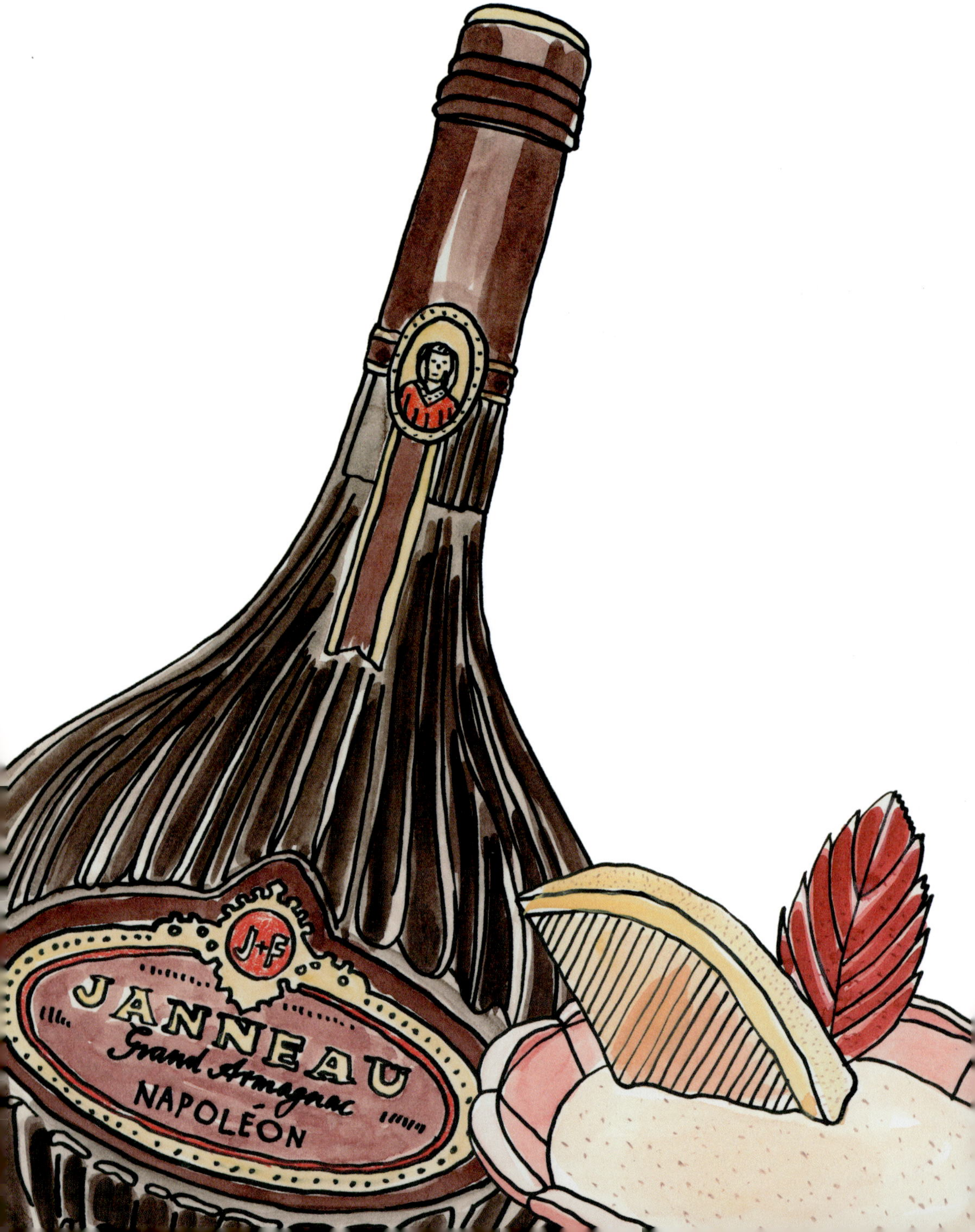
J+F
JANNEAU
Grand Armagnac
NAPOLÉON

Chapitre huit

Kapitel acht

Douce France – desserts sucrés!

Liebliches Frankreich – süße Desserts

»Ah, le dessert!« So begrüßte mein Vater lauthals den Abschluss des Essens. Keine Mahlzeit ohne Süßes am Ende. Wir fragten uns in unserer Familie oft, woher das Wort Dessert eigentlich stammt. Da mein Vater lange in einem Museum gearbeitet hat, zu dem auch eine Bibliothek gehört, hatte er Gelegenheit, der Frage auf den Grund zu gehen. Mit Erfolg!

Erfunden wurde das Dessert, als sich im späten 17. Jahrhundert der Zucker allgemein verbreitete. Das Wort selbst kommt von dem Verb *desservir* (abräumen). Früher bezeichnete man die Süßspeisen am Schluss einer Mahlzeit als *service après desserte*, als Speisen also, die nach dem Abräumen der anderen Speisen gereicht wurden. Diese klare Trennung zwischen salzigen und süßen Gängen hat es allerdings nicht schon immer gegeben. Wie bereits erwähnt, war bis ins 19. Jahrhundert hinein der *service à la française* üblich: Alles wurde gleichzeitig auf die großen, breiten Tische gestellt, Salziges und Süßes standen nebeneinander. Danach setzte sich dann der *service à la russe* durch, bei dem die Speisen getrennt nacheinander und die süßen am Ende serviert wurden.

In großen Häusern mit viel Personal gab es sogar spezielle Bedienstete für die süßen Gänge. Die Trennung zwischen herzhaften und süßen Speisen zeigt sich bis heute in der Unterscheidung zwischen einem *pâtissier*, der auch salzige Teigwaren, und einem *confiseur*, der ausschließlich süße herstellt. Und auch die Aktivitäten, die heute etwa in Restaurants dem Servieren des Desserts vorangehen, zeugen davon: Nachdem alle Teller und Schüsseln des vorherigen Ganges entfernt sind, wird der Tisch von Krümeln befreit, und es wird für den süßen Abschluss wieder neu eingedeckt – es gibt neue Teller, neues Besteck und auch einen anderen Wein.

Was Letzteren betrifft, war meine Großmutter nicht sehr experimentierfreudig; bei ihr gab es fast immer Pineau des Charentes. Mein Vater mochte auch andere Dessertweine wie etwa Portwein, Madeira oder Sherry oder auch einen Weißwein, etwa einen elsässischen Gewürztraminer.

Bei einem alltäglichen Essen gab es in unserer Familie als Dessert oft eine einfache Süßspeise *(entremets sucré)* – Quark oder eine Creme – oder ein Stück Obst. Hatten wir Gäste, kam ein süßes Gebäckstück dazu, und manch-

Die Rousseaus beim Dessert

mal wurde der *entremets* durch Eis ersetzt oder durch einen *coulis*, eine frisch zubereitete Fruchtsauce, die dem Dessert einen festlicheren Charakter verlieh. Hatten wir keine Zeit zum Backen, reichten wir *macarons* oder Waffeln, die wir wie viele Franzosen in einer Patisserie kauften. Es ist in Frankreich durchaus üblich, nicht alle Gänge eines großen Essens in der eigenen Küche herzustellen. Ja, man kann sogar mit der Wahl der Patisserie glänzen. Stellt man die Verpackung der »richtigen« Patisserie auf den Tisch, leuchten alle Augen.

Wichtig war auch das Anrichten des Desserts auf den Tellern. Meine Großmutter Mamie kannte dafür allerlei Tricks. Eis zum Beispiel richtete sie auf Dessertteller an, die sie vorher in die Tiefkühltruhe gestellt hatte, damit das Eis seine schöne Form bis zum Servieren beibehielt. Ging doch einmal etwas schief, rief sie eine der Heiligen an, an die sie sich – augenzwinkernd – in jeder Lebenslage wandte. Beim Eis war es die heilige Rita, *la sainte pour les causes perdues et désepérées*, die auch in anderen aussichtslosen Situationen wie Liebeskummer oder Prüfungsangst angerufen wurde.

Vermutlich ohne das Einwirken der heiligen Rita hielt ab den siebziger Jahren die Nouvelle Cuisine Einzug in die französische Küche. Bei uns, die wir sonst traditionell französisch kochten, hat sie zumindest bei den Desserts ihre Spuren hinterlassen. So versuchten wir uns schon früh in besonders originellen Dekors aus Karamell oder Blüten und verbanden so, wie viele Franzosen, die altbewährten Familienrezepte mit dem einen oder anderen Experiment. *La fortune sourit aux audacieux!*

Haus an der Place Pierre Frapin in Segonzac

Compotes, mousses et glaces
Desserts

Compote de reines-claudes meringuée
Reineclaudenkompott mit Baiser

Zutaten für eine mittelgroße Auflauf- oder Tarteform; ergibt 6 Portionen:
80 g Zucker
100 ml Wasser
1 kg Reineclauden, gewaschen, halbiert und entsteint
Butter für die Form
3 Eiweiß
1 Prise Salz

- In einem Topf Zucker und Wasser erhitzen, bis sich der Zucker aufgelöst hat.
- Früchte hinzugeben, zum Kochen bringen und 15 Min. lang köcheln lassen.
- Mit einem Schaumlöffel Früchte vorsichtig aus dem Topf heben und gut abtropfen lassen.
- Backofen auf 160 °C (Umluft: 140 °C) vorheizen.
- Früchte in der gebutterten Backform verteilen.
- Eiweiß mit Salz steifschlagen.
- Eischnee gleichmäßig auf die Früchte streichen oder mit einem Spritzbeutel Rosetten aufspritzen und 10 Min. überbacken, bis der Eischnee Farbe annimmt.
- Heiß oder lauwarm servieren.

Reines-claudes à l'armagnac

Reineclauden mit Armagnac

Zutaten für 6–8 Portionen:
4 kg Reineclauden, gewaschen und entstielt
¼ TL Salz
1 kg Zucker
1 l Wasser
750 ml Armagnac

- Früchte mit einer Nadel anstechen und 10 Min. in kaltem Wasser einweichen.
- In einem großen Topf Wasser zum Kochen bringen und salzen.
- Früchte hineingeben und mit einem Schaumlöffel herausheben, sobald sie oben schwimmen. Sofort mit kaltem Wasser abschrecken und auf einem Küchentuch abtropfen lassen.
- Zucker und 1 l Wasser zum Kochen bringen, bis sich der Zucker aufgelöst hat und ein leicht gefärbter Sirup entstanden ist. Armagnac unterrühren.
- Früchte bis 2 cm unter den Rand in Weckgläser füllen.
- Gläser mit Sirup füllen, so dass die Früchte bedeckt sind, und gleich fest verschließen.
- Vor dem Verzehr mind. 3 Monate lagern.

Tipp
Die Reineclauden bereitet man auf Vorrat zu und verzehrt sie frühestens drei Monate später. Sie passen wunderbar zu jeder Art von trockenem Kuchen.

Poêlée de mirabelles au citron

Karamellisierte Mirabellen mit Zitrone

Zutaten für 4–6 Portionen:
100 g Zucker
50 ml Wasser
100 ml Zitronensaft
½ Vanilleschote, längs aufgeschlitzt
800 g Mirabellen, gewaschen, halbiert und entsteint

- Zucker, Wasser, Zitronensaft und Vanilleschote in einer großen Pfanne erhitzen, bis sich der Zucker vollständig aufgelöst hat.
- Mirabellen hinzufügen und die Pfanne schwenken, so dass der Sirup sich gut verteilt.
- Bei geringer Hitze langsam zum Köcheln bringen.
- 10–15 Min. köcheln lassen, dabei die Früchte regelmäßig mit dem Kochsaft übergießen.
- Mit einem Schaumlöffel Mirabellen vorsichtig aus der Pfanne nehmen und gut abtropfen lassen.
- Mirabellen in eine große Schale geben oder auf Portionsschälchen verteilen.
- In der Pfanne den verbliebenen Sirup stark erhitzen und eindicken lassen.
- Vanilleschote herausnehmen, Mark herauskratzen und in den Sirup geben.
- Sirup über die Mirabellen gießen.
- Kalt servieren.

Tipp
Die Mirabellen passen sehr gut zu Vanilleeis.

Suggestion de vin de Michel Rousseau
Ein Clairette de Die

Figues gratinées à l'estragon
Überbackene Feigen mit Estragon

Zutaten für 4 Portionen:
Saft von 3 Orangen
2 EL Akazienhonig
12 frische Feigen, gewaschen, trockengetupft und längs halbiert
4 Zweige Estragon, gewaschen, trockengeschüttelt und fein gehackt

❋ Backofen auf 180 °C (Umluft: 160 °C) vorheizen.
❋ Für den Sirup in einem kleinen Topf Orangensaft und Honig aufkochen.
❋ Feigen mit der Schale nach unten in eine Auflaufform legen.
❋ Mit Sirup übergießen und 15 Min. backen.
❋ Abkühlen lassen und vor dem Servieren mit Estragon bestreuen.

Tipp
Auch dieses Obstdessert passt sehr gut zu jeder Art von trockenem Kuchen.

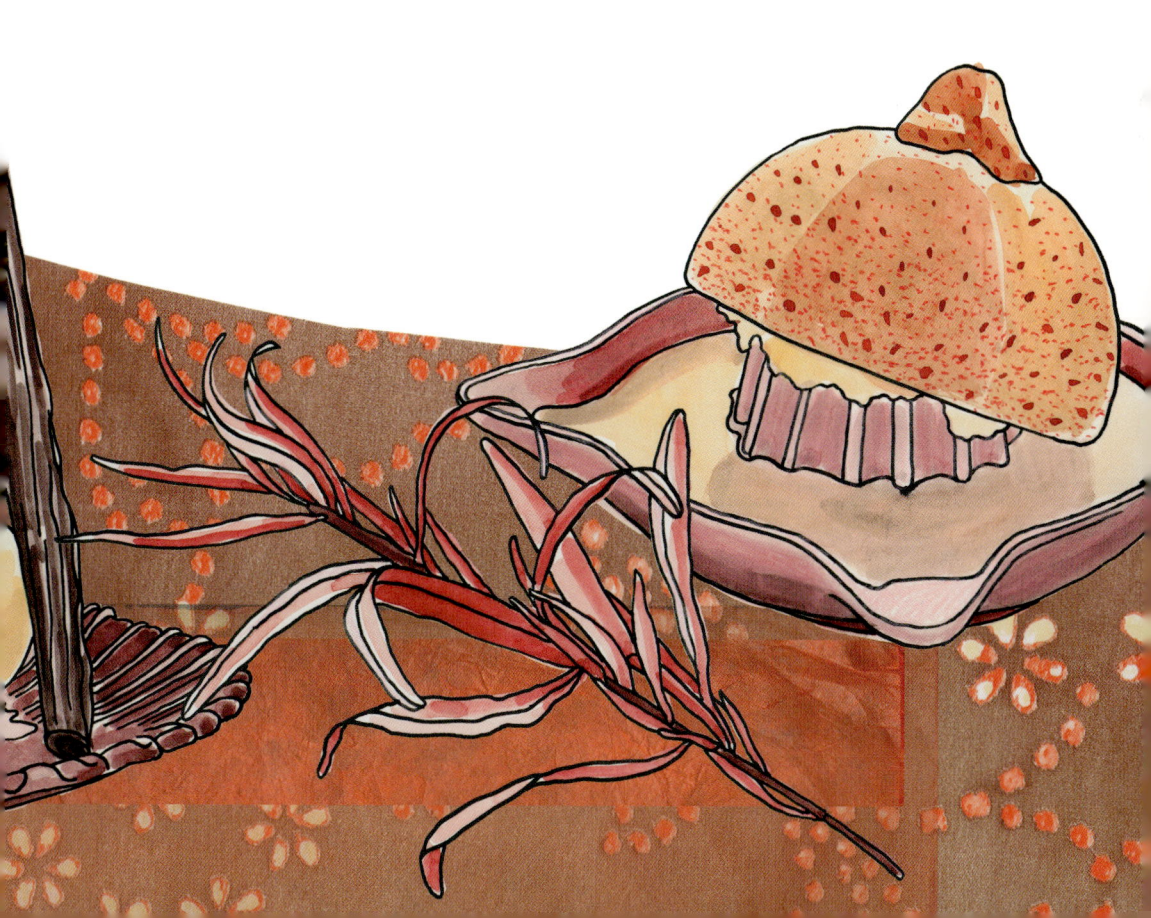

Pamplemousses grillés et caramélisés
Gegrillte und karamellisierte Pampelmusen

Zutaten für 4 Portionen:
2 rote Pampelmusen
Butter für die Form
8 EL Zucker
1 EL Butter

- Pampelmusen quer halbieren.
- Mit einem Pampelmusenmesser das Fruchtfleisch von der Schale trennen, ohne es herauszulösen, und mit der Spitze des Messers zwischen die Trennhäutchen fahren, um die Fruchtsegmente zu trennen.
- Pampelmusenhälften in eine gebutterte Auflaufform setzen und großzügig mit Zucker bestreuen.
- Butterflöckchen darauf verteilen.
- Backofengrill vorheizen.
- Die Form 2–3 Min. so dicht wie möglich unter den Grill schieben.
- Sobald der Zucker karamellisiert, die Form herausnehmen und die Pampelmusen sofort servieren.

Tipp
Dieses sehr einfach zu bereitende Dessert passt zu jeder Sorte Eis.

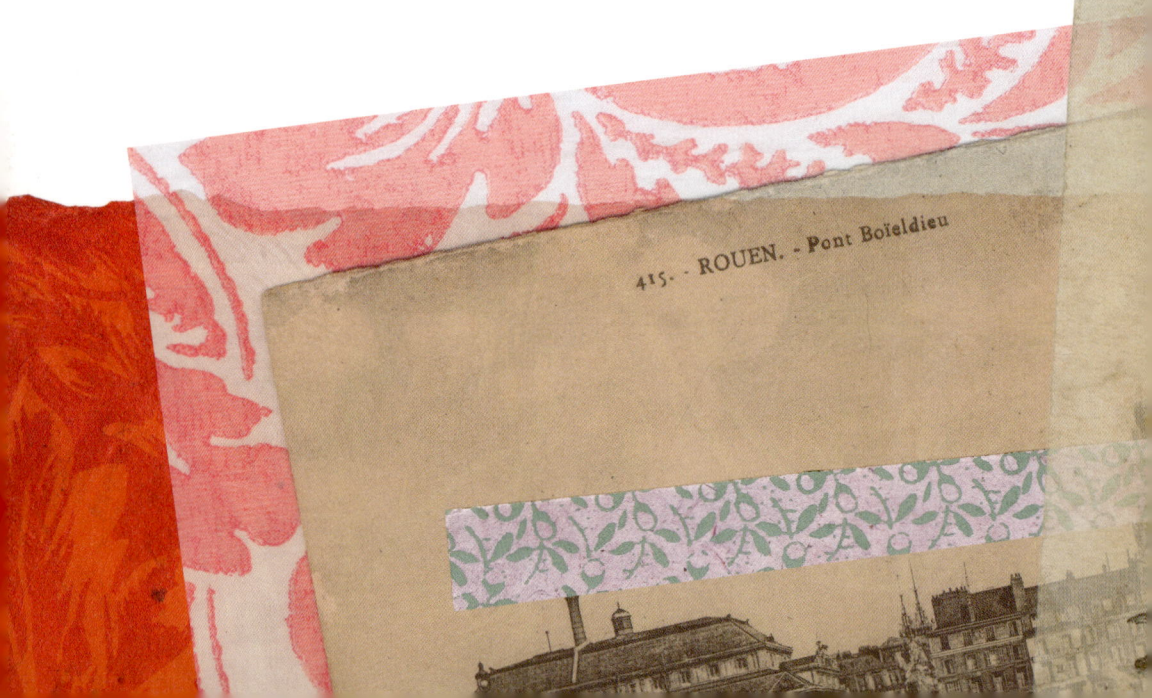

Desserts
129

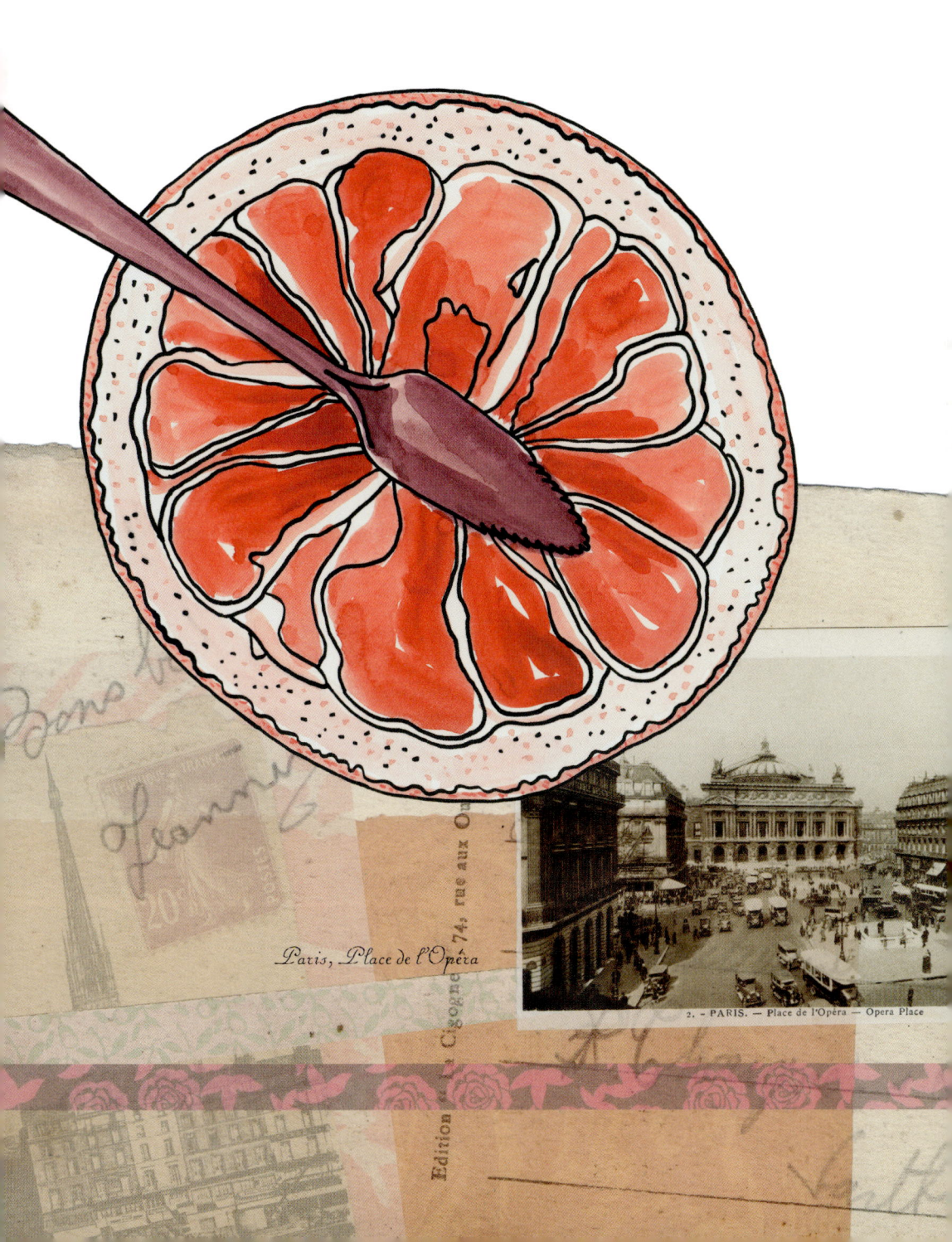

Crème brûlée ardèchoise

Crème brûlée aus der Ardèche

Zutaten für 4 Portionen:
4 Eigelb
130 g Puderzucker
Mark von 1 Vanilleschote
200 ml Milch
250 g Crème fraîche
1 EL Orangenlikör

- Backofen auf 150 °C (Umluft: 130 °C) vorheizen.
- In einer großen Schüssel Eigelb mit 100 g Puderzucker kräftig verquirlen.
- Mit Vanille und Milch gut verrühren.
- Crème fraîche und Likör dazugeben und alles schaumig schlagen.
- Creme in flache feuerfeste Schälchen füllen und 30 Min. backen.
- Creme mit dem restlichen Puderzucker bestäuben und weitere 5 Min. backen, bis die Oberfläche karamellisiert.
- Lauwarm oder kalt servieren.

Suggestion de vin de Michel Rousseau
Ein Champagne rosé Jacquesson

Mousse au café

Kaffeemousse

Zutaten für 4 Portionen:
3 Blatt weiße Gelatine
400 ml Milch
1 EL Instant-Kaffeepulver
4 EL Puderzucker
2 Eiweiß
1 Prise Salz
1 EL Kakao

- Vier Schälchen im Kühlschrank vorkühlen.
- In einer Schale Gelatineblätter in kaltem Wasser einweichen.
- In einem kleinen Topf Milch, Kaffeepulver und 2 EL Puderzucker unter Rühren zum Kochen bringen, bis der Zucker sich aufgelöst hat.
- Topf vom Herd nehmen, die gut ausgedrückte Gelatine dazugeben und rühren, bis sie sich vollständig aufgelöst hat.
- Eiweiß mit Salz steifschlagen, restlichen Zucker dazugeben und einige Sek. weiterschlagen.
- 2 EL Eischnee gut unter die abgekühlte Kaffeecreme rühren.
- Restlichen Eischnee vorsichtig unter die Creme heben.
- Mousse in die Schälchen füllen und 1 Std. kalt stellen.
- Vor dem Servieren mit Kakaopulver bestäuben.

Suggestion de vin de Michel Rousseau
Ein Vouvray pétillant

Akkordeonspieler vor Le Piquet

Mousse à l'orange

Orangenmousse

Zutaten für 6–8 Portionen:
1 l frisch gepresster Orangensaft
2 EL Maisstärke
2 Eier, getrennt
75 g Puderzucker
1 EL Orangenlikör (Cointreau, Grand Marnier oder Curaçao)
1 EL abgeriebene Schale einer unbehandelten Orange

- 2 EL Orangensaft in ein kleines Gefäß geben. Restlichen Orangensaft zum Kochen bringen.
- Die 2 EL Orangensaft mit Maisstärke und Eigelb verrühren und sofort zu dem kochenden Saft geben.
- Unter Rühren 2–3 Min. köcheln lassen, bis eine sehr dicke Creme entsteht. Vom Herd nehmen und abkühlen lassen.
- Eiweiß mit Puderzucker steifschlagen.
- Eischnee vorsichtig unter die kalte Creme heben.
- Likör und Orangenschale unterziehen.
- Mousse in Portionsschälchen füllen und mind. 4 Std. kalt stellen.
- Mousse mit je einem hauchdünnen Stück Orangenschale, einem Blatt Minze, einer Erdbeere oder einer anderen Frucht garnieren.

Tipp
Für eine *mousse au pamplemousse* verwendet man statt Orangensaft Grapefruitsaft und 100 g Puderzucker.

Suggestion de vin de Michel Rousseau
Ein Vouvray pétillant

Paris, Place Vendôme

Desserts

133

Glace au caramel
Karamell-Eis

Zutaten für 6–8 Portionen:
500 ml frische Vollmilch
150 g sehr kalte Sahne
5 Eigelb
260 g Puderzucker
2 EL Wasser

✳ In einem Topf Milch mit 1–2 TL Sahne zum Kochen bringen.
✳ Restliche Sahne steifschlagen.
✳ In einer Schüssel Eigelb mit 85 g Puderzucker schaumig rühren.
✳ Für den Karamell den restlichen Puderzucker mit dem Wasser nach und nach in einen Topf geben und dabei vorsichtig erhitzen, bis dunkelbrauner Karamell entsteht.
✳ Sofort die geschlagene Sahne mit einem Pfannenwender unterheben.
✳ Topf vom Herd nehmen, Karamellmasse zu der Milch geben und verrühren.
✳ Warme Karamellmasse mit Eigelbmasse verrühren. In einen Topf geben, langsam erhitzen und eindicken lassen. Die Masse darf nicht kochen!
✳ Masse in einen kalten metallenen Gefrierbehälter füllen (der seinerseits in einem Gefäß mit eiskaltem Wasser steht), abkühlen und anschließend im Gefrierschrank gefrieren lassen. Dabei regelmäßig mit einer Gabel umrühren.
✳ Nach längerer Aufbewahrung im Gefrierfach 15 Min. vor dem Servieren in den Kühlschrank stellen.

ST-GERMAIN
EN-LAYE
(eine-et-Oise)

JEUNES ET DE LA CULTURE

Blick auf die Seine in Paris

Glace aux noisettes

Haselnuss-Eis

Zutaten für 6–8 Portionen:
150 g Haselnusskerne, fein gemahlen
400 ml Milch
12 Eigelb
120 g Puderzucker
6 EL Milchpulver
50 g Haselnusskerne, grob gehackt

- In einem Topf gemahlene Haselnüsse und Milch zum Kochen bringen.
- Vom Herd nehmen und zugedeckt 15 Min. ziehen lassen.
- Milch erneut erhitzen.
- In einer Schüssel Eigelb und Puderzucker mit dem Schneebesen weißschaumig schlagen.
- Kochende Milch unter ständigem Rühren zu der Eimasse geben.
- Masse wieder in den Topf geben und etwa 10 Min. erhitzen (nicht kochen!), bis die Creme dick wird und schwer vom Löffel fällt.
- Milchpulver und die gehackten Haselnüsse dazugeben und gut verrühren.
- Creme abkühlen lassen, dabei gelegentlich umrühren, damit sich keine Haut bildet.
- Masse in einen metallenen Gefrierbehälter füllen (der seinerseits in einem Gefäß mit eiskaltem Wasser steht), abkühlen und anschließend im Gefrierfach gefrieren lassen. Dabei regelmäßig mit einer Gabel umrühren.
- Nach längerer Aufbewahrung im Gefrierfach 15 Min. vor dem Servieren in den Kühlschrank stellen.
- Mit einem in heißes Wasser getauchten Löffel »Eisnüsse« formen. Dieses Eis schmeckt lecker in Kombination mit dem Schokoladendessert nach Art meiner Großmutter (s. S. 147).

Suggestion de vin de Michel Rousseau
Ein Banyuls

Sorbet à la mangue

Mangosorbet

Zutaten für 8 Portionen:
1,2 kg sehr reife Mangos, geschält, entsteint und in Stücke geschnitten
150 g Puderzucker
1 EL frisch gepresster Zitronensaft

✳ Mangostücke zu etwa 800 g Mus pürieren.
✳ Püree, Puderzucker und Zitronensaft mit dem Schneebesen verrühren.
✳ Masse in einen kalten metallenen Gefrierbehälter füllen (der seinerseits in einem Gefäß mit eiskaltem Wasser steht), abkühlen und anschließend 30 Min. tiefkühlen. Dabei regelmäßig mit einer Gabel umrühren.

Tipp
Dieses Sorbet kann mit einem Hauch abgeriebener grüner Zitronenschale verfeinert werden oder statt mit Mangos mit 900 g Pfirsichen gemacht werden.

Suggestion de vin de Michel Rousseau
Ein Banyuls oder ein Likör mit Karamell-, Kaffee- oder Kakao-Aroma

Sorbet au Calvados

Calvadossorbet

Zutaten für 6–8 Portionen:
200 g Puderzucker
300 ml Wasser
1 Vanilleschote, aufgeschlitzt
Saft von 1 Zitrone
1 Prise Zimt
3 Eiweiß
1 Prise Salz
4–5 Likörgläser alter Calvados

- In einem Topf Puderzucker in Wasser auflösen, Vanilleschote dazugeben und kurz aufkochen lassen, bis ein dünnflüssiger Sirup entsteht.
- Vom Herd nehmen und Vanilleschote entfernen.
- Sirup mit Zitronensaft und Zimt verrühren.
- Eiweiß mit Salz steifschlagen und vorsichtig unter den Sirup heben.
- Masse in einen kalten metallenen Gefrierbehälter füllen (der seinerseits in einem Gefäß mit eiskaltem Wasser steht), abkühlen und anschließend 30 Min. tiefkühlen. Dabei regelmäßig mit einer Gabel umrühren.
- Sobald der Sirup etwas fest wird, Calvados dazugeben und mit dem Schneebesen einige Sek. unterrühren.

Suggestion de vin de Michel Rousseau
Ein Banyuls

Granité au miel
Honig-Eissplitter

Zutaten für 1 l:
750 ml Wasser
250 g Honig aus der Provence
75 g abgezogene ganze Mandeln

- In einer großen Schüssel Wasser und Honig vermischen. 90 Min. im Gefrierfach kühlen.
- Herausholen und durchrühren.
- Wieder 90 Min. kühlen und durchrühren. Vorgang so lange wiederholen, bis die ganze Masse körnig ist.
- In einer beschichteten Pfanne Mandeln ohne Fett unter Rühren 5–10 Min. rösten, dann hacken.
- Honig-Eissplitter kurz vor dem Servieren mit den Mandeln bestreuen.

Desserts

139

Petit plus

Citronnette
Zitronengetränk

Zutaten:
Schale von 2 unbehandelten Zitronen, fein gehackt
3 EL Kirschwasser
600 g Zucker
2 l Weißwein

❋ Zitronenschalen 1 Tag in Kirschwasser einlegen.
❋ Zucker mit Wein verrühren.
❋ Kirschwasser durchseihen. Die Flüssigkeit mit dem gezuckerten Wein vermischen.
❋ Eiskalt servieren.

Citronnette trinkt man gerne als frisches, spritziges Getränk zum Nachtisch, aber auch im Sommer anstelle von Kaffee oder Tee zum *thé de quatre heures*. Ich liebe dieses Getränk, da es mich an meine Großmutter erinnert, die als junges Mädchen Nenette (von Renée) genannt wurde.

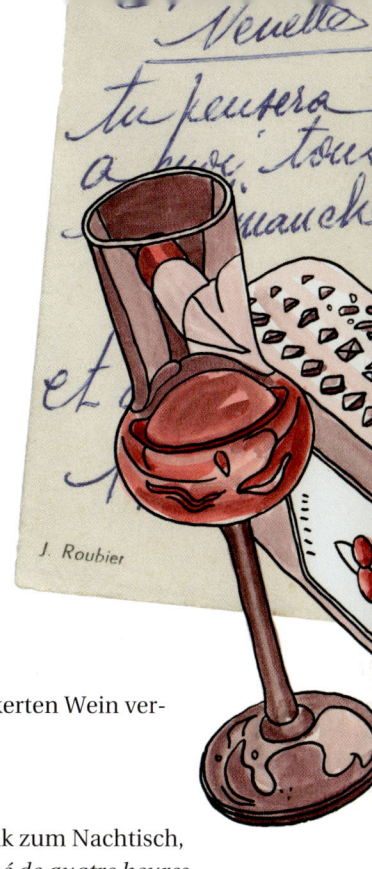

Mamie beim Teetrinken

CHOCOL
R TABLE SAVON
E MARSEILLE
DÉPÔT DE CHOC
MASSON
PARIS
PARIS
CHOCOLAT MASSON
PARIS
MEXICAI

Chapitre neuf

Kapitel neun

Charlotte et son penchant pour le chocolat

Charlotte und ihre Schokoladen-Nase

Nicht weit von unserer Wohnung in Saint-Germain-en-Laye entfernt lag auch die von Tante Charlotte. Unsere kleine, grauhaarige Tante hatte die Angewohnheit, den Käfig mit ihren beiden Kanarienvögeln tagsüber ins Fenster ihres Wohnzimmers zu hängen, damit die Vögel auch etwas von der Welt sahen. Tante Charlotte liebte Schokolade und Bonbons und hatte für ihre kleinen Besucher stets Porzellandosen voller Naschereien greifbar. Sie meinte, man müsse sich jederzeit eine Tasse Kakao kochen können oder »ein kleines Stück Süße« bei sich haben – damit meinte sie Schokolade. Sie wusste wohl um deren glücklich machende Wirkung… Bei Tante Charlotte lernte ich auch Schokoladentrüffel und Karamell aller Art kennen. Die stellte sie geheimnisvoll wie eine Alchemistin selbst her, ohne uns etwas davon zu verraten, und überraschte uns dann mit den Resultaten.

Auch bei uns zuhause gab es immer Schokolade in verschiedenen Formen – als Bruchschokolade zum Kochen, in Pulverform oder als Tafel. Mein Vater backte liebend gerne Schokoladenkuchen. Dünn geschnitten und mit einem selbst gemachten Fruchtcoulis oder Himbeereis serviert, waren sie bei unseren Gästen als Dessert sehr beliebt. Die Vorliebe der Franzosen für Schokoladenkuchen entwickelte sich erst nach dem Zweiten Weltkrieg – vorher war Schokolade ein teurer Luxus; mein Vater zum Beispiel kannte sie als Kind nur vom Erzählen. Seit die Transportmöglichkeiten sich nach dem Krieg stark verbessert hatten und der Handel blühte, kamen alle möglichen Sorten auf den Markt. Eine der seltensten, teuersten und beliebtesten, aber auch empfindlichsten Kakaosorten der Welt ist immer noch der Kakao aus Mittelamerika, *criollo* genannt. Dieser Edelkakao, den schon die Maya tranken, hat ein starkes, fruchtiges Aroma.

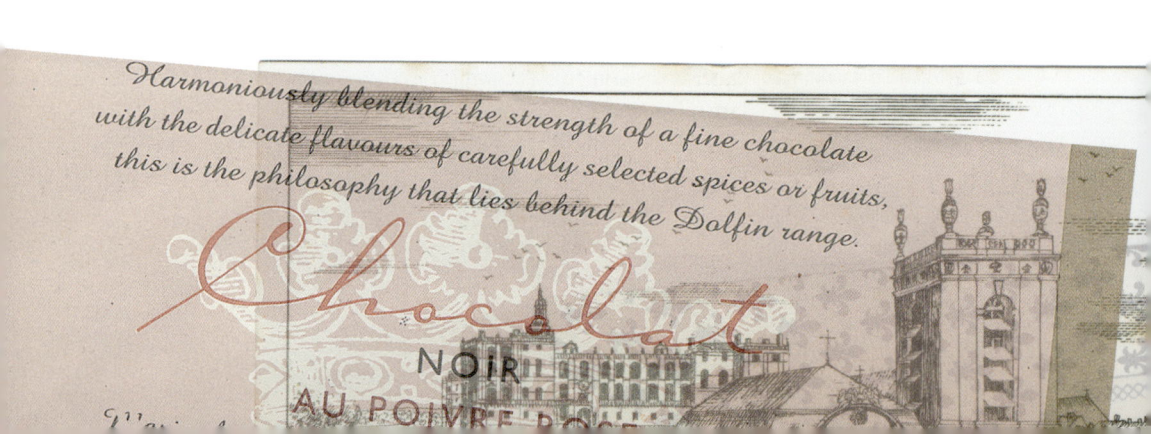

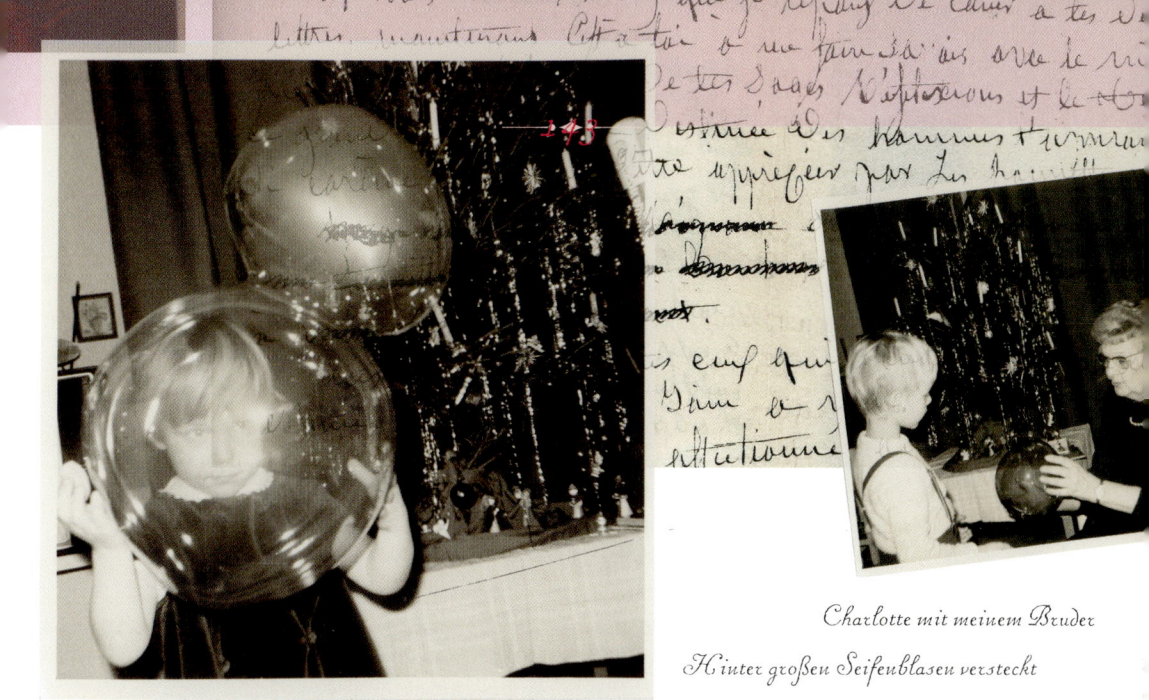

Charlotte mit meinem Bruder
Hinter großen Seifenblasen versteckt

Wir Kinder liebten auch weiße Schokolade, die in den Augen von Puristen den Namen Schokolade gar nicht verdient. Sie besteht nämlich ausschließlich aus Kakaobutter, ist cremefarben und zartschmelzend und – ohne Zugabe von Zucker – im Geschmack neutral. Sie gibt der »echten«, dunklen Schokolade ihre Härte und Konsistenz. Es ist das Kakaopulver, das für das Aroma der Schokolade verantwortlich ist, für ihre Säure oder das Fruchtige an ihr.

Tante Charlotte kannte viele Rezepte, bei der ihre Lieblingsschokolade, siebzigprozentige Bruch-Bitterschokolade aus Venezuela, Verwendung fand, so auch für eine ganz besondere Seife: Für ihre Pfefferminz-Schokoladenseife bereitete sie aus frischen Minzeblättern 75 Milliliter starken Pfefferminztee, zu dem sie den Saft einer Zitrone, die abgeschabten Flöckchen eines Stücks geruchloser weißer Seife und achtzig Gramm geriebene Schokolade hinzufügte. Dieses Gemisch erhitzte sie, bis die Seife und die Schokolade sich verflüssigt hatten. Sobald es erkaltet war, fügte sie zwei Esslöffel frisch gehackte Pfefferminzblätter, einen Esslöffel Haferflocken und fünf Tropfen Minzölessenz hinzu. Dann goss sie das Gemisch in kleine Formen. Damit die Seifen keine Risse bekamen, bedeckte sie sie mit einem Küchentuch, und nach zehn Tagen konnten sie aus den Formen genommen werden. Tante Charlotte verpackte sie dann in schönes Seidenpapier und umwickelte sie mit Blümchenbändern. So hatte sie immer einen Vorrat an originellen Mitbringseln parat.

Tante Charlotte beherrschte die Kunst der Aufbewahrung. Ihre selbst gemachten Seifen und auch Schokoladentrüffel lagerten in Blechdosen im Keller. Schokolade sollte möglichst luftdicht abgeschlossen und kühl aufbewahrt werden, die ideale Temperatur liegt bei 16 bis 18 Grad. Das gilt auch für die »hochprozentige« Bitterschokolade aus Venezuela, mit der Tante Charlotte ihre heiße Schokolade zubereitete: Sie rührte 250 Gramm davon in sechshundert Milliliter Milch. Das sei das richtige Verhältnis, sagte sie.

Wenn sie zum Chocolatier Grandin bei uns in Saint-Germain-en-Laye ging, um ihre Vorräte an Schokolade aufzufüllen, legte sie immer ein höchst misstrauisches Verhalten an den Tag: Sie beäugte den Glanz der Schokoladen, prüfte, wenn sie sich unbeobachtet sah, unerlaubterweise, ob sie samtig und glatt waren, und roch an ihnen wie an einem Wein. Wenn sie sich für ihr Verhalten rechtfertigte, benutzte sie dasselbe Vokabular wie bei der Beschreibung eines guten Weins: Die Wörter »weich« und »elegant« waren ja noch relativ normal, doch wenn sie von »fruchtig« oder »aromatisch«, gar von einer »dominanten Note« sprach, wurde ich skeptisch. Mir genügte es, wenn Schokolade schmeckte. Heute beschreibe ich den Geschmack von Schokolade mit genau den Wörtern, die sie benutzt hat, und weiß, dass es Menschen mit einer »Schokoladen-Nase« gibt. Die muss sie wohl gehabt haben, *ma chère tante Charlotte!*

Meine Eltern im Hof unserer Stadtwohnung

Mamies und Papies Haus mitten in Saint-Germain

Mamie

Mein Bruder und ich
beim Schokoladenaschen

Desserts au chocolat

Schokoladendesserts und -gebäck

Pots de crème au chocolat

Schokoladencremetöpfchen

Zutaten für 6 Portionen:
500 ml Milch
1 Vanilleschote, längs aufgeschlitzt
2 Eier
150 g Puderzucker
50 g Crème fraîche
6 EL Kakaopulver
6 Eiweiß

- In einen Topf Milch geben, Vanilleschote dazugeben.
- Milch aufkochen, vom Herd nehmen und einige Min. ziehen lassen.
- In einer Schüssel Eier mit Puderzucker schlagen, bis sich der Zucker aufgelöst hat.
- Crème fraîche unterrühren.
- Vanilleschote aus der Milch nehmen und Kakao hinzufügen.
- Ei-Zucker-Mischung langsam in die Milch rühren.
- Die Mischung langsam erhitzen und unter Rühren dick werden lassen.
- Eiweiß steifschlagen.
- Wenn die Creme schwer vom Löffel fällt, Eischnee vorsichtig unterheben.
- Creme in Souffleeschälchen füllen und mind. 3 Std. kalt stellen.

Tipp
Diese Creme kann auch mit Kaffee zubereitet werden. Dazu wird Instant-Kaffeepulver in etwas Wasser (1 TL je Schälchen) aufgelöst und unter die Creme gezogen, bevor sie in die Schälchen gefüllt wird.

Crème au chocolat à la mode de Mamie

Schokoladendessert nach Art meiner Großmutter

Zutaten für 6 Portionen:
100 g Sahne
400 ml Milch
½ Vanilleschote, längs aufgeschlitzt
5 Eigelb
80 g Puderzucker
200 g feine dunkle Schokolade, kleingehackt

- In einem kleinen Topf Sahne, Milch und Vanilleschote zum Kochen bringen.
- Vom Herd nehmen und 3 Min. ziehen lassen.
- In einer Schüssel Eigelb und Puderzucker so lange schlagen, bis eine geschmeidige, glatte Masse entstanden ist.
- Vanilleschote aus der Milch nehmen und diese unter Rühren nach und nach zu der Ei-Zucker-Masse geben.
- Creme in einem Topf bei geringer Hitze unter Rühren eindicken lassen. Nicht kochen.
- Creme in eine kalte Schüssel füllen.
- Im heißen Wasserbad (s. S. 54) oder in der Mikrowelle Schokolade schmelzen. Creme unterrühren. Schokoladendessert im Kühlschrank aufbewahren.

Tipp
So wie Schokolade oft mit Alkohol verfeinert wird, kann man auch eine weinhaltige Sauce, die zu Fleisch gereicht wird, mit einer Schokolade mit starkem Aroma verfeinern. Die Sauce wird dadurch gebunden, dunkelglänzend und zartcremig. Das widerspricht zwar der französischen Gepflogenheit des 17. Jahrhunderts, Salziges nie mit Süßem zu verbinden, so wie in der Literatur die Tragödie nicht mit der Komödie vermengt wurde. Doch eine Sauce mit Schokolade schmeckt einfach wunderbar und wird heute von großen Köchen gerne serviert. Wenn man einen Rest guter Bruchschokolade vorrätig hat, bietet sich eine solche leckere und für Gäste überraschende Verwendung geradezu an.

Desserts au chocolat

Profiteroles fourrées à la crème
Windbeutel mit Sahne und Schokoladensauce

Zutaten für etwa 30 Stück:
80 ml Wasser
100 ml Milch
½ TL Salz
½–1 TL Puderzucker
75 g Butter
100 g Mehl
3 Eier

Zutaten für die Füllung:
400 g Sahne
2 EL Zucker
1 Päckchen Vanillezucker

Zutaten für die Schokoladensauce:
100 ml Crème fraîche
200 g feine dunkle Schokolade, fein gehackt

Versailles unweit von Saint-Germain-en-Laye

- Backofen auf 220 °C (Umluft: 200 °C) vorheizen.
- Für den Teig in einem Topf Wasser, Milch, Salz, Puderzucker und Butter zum Kochen bringen.
- Mehl in die Flüssigkeit sieben und rühren, bis die Masse sich zu einem Kloß verbunden hat.
- Noch 1–2 Min. weiterrühren, damit der Teig durch die Hitze weiter an Flüssigkeit verliert.
- Teig in eine Schüssel geben. Eier einzeln hinzufügen und weiterrühren.
- Weiterrühren, bis der Teig glatt und geschmeidig ist.
- Teig in einen Spritzbeutel mit glattem Spritzaufsatz füllen, nussgroße Bällchen auf ein mit Backpapier belegtes Blech setzen. 10 Min. backen.
- Dann bei leicht geöffneter Backofentür weitere 5 Min. backen. Anschließend sofort von den Windbeuteln die »Deckel« abschneiden.
- Für die Füllung Sahne steifschlagen und dabei nach und nach Zucker und Vanillezucker dazugeben.
- Sahne in einen Spritzbeutel füllen und in die Windbeutel spritzen.

- ❋ Für die Schokoladensauce in einem Topf Crème fraîche erhitzen. Gehackte Schokolade dazugeben und gut verrühren, bis sie sich aufgelöst hat.
- ❋ Windbeutel auf einem Teller oder in einer Schale anrichten, Deckel aufsetzen und mit der heißen Schokoladensauce servieren.

Tipp
Dieses Rezept ist eine Abwandlung des klassischen *profiteroles*-Rezepts, bei dem die Windbeutel mit Vanille-Eis gefüllt, auf einem tiefgekühlten Teller oder in einer tiefgekühlten Schale angerichtet und mit Schokoladensauce serviert werden.

Suggestion de vin de Michel Rousseau
Ein Banyuls

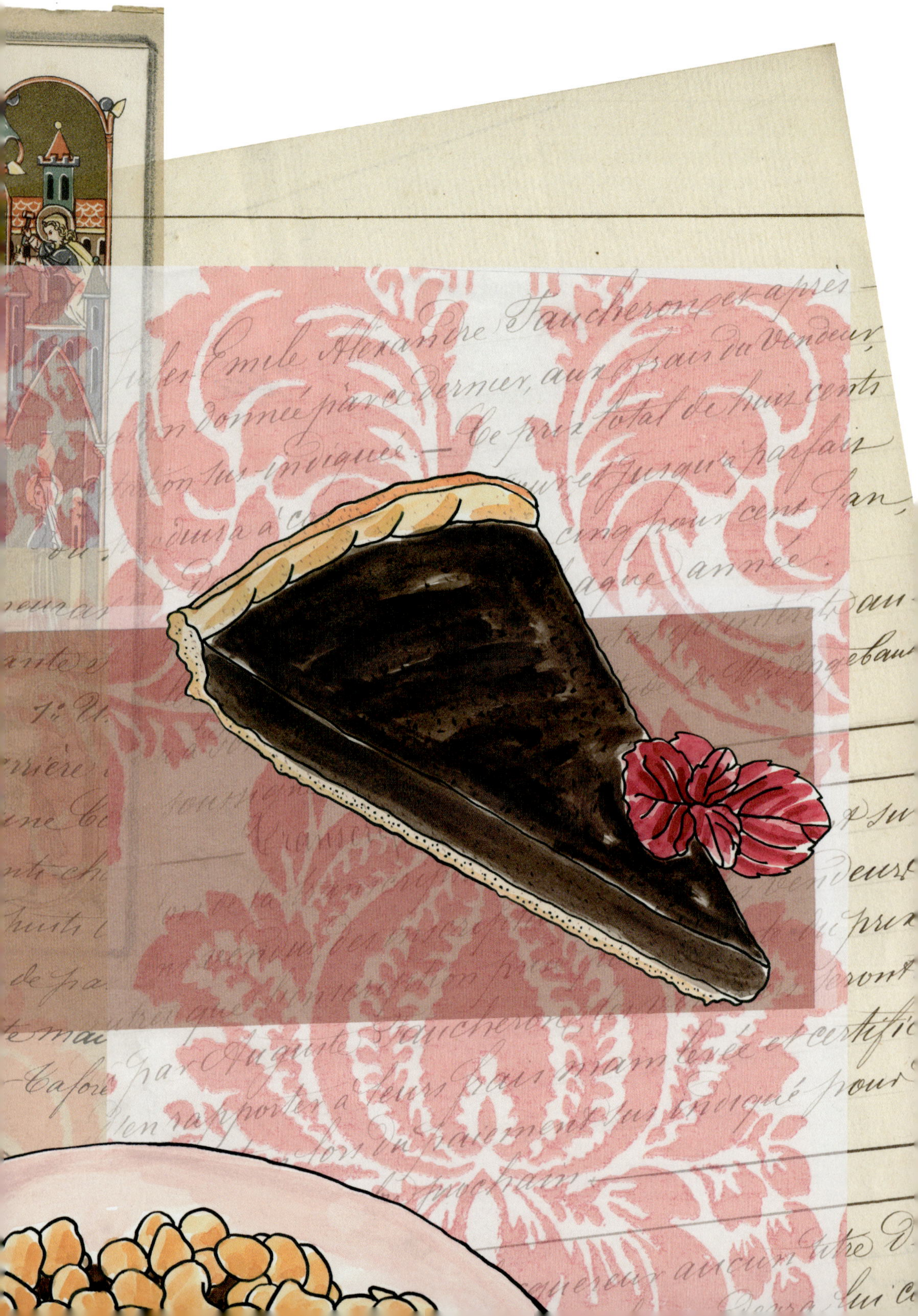

Tarte au chocolat

Schokoladentarte

Zutaten für eine Tarteform (26 cm ø):
250 g Tarteteig (s. S. 42)
100 g getrocknete Hülsenfrüchte zum Blindbacken
300 g Crème fraîche
250 g feine dunkle Schokolade, sehr fein gehackt
Butter für die Form

- Tarteteig zubereiten und 30 Min. kalt stellen.
- Für die Ganache in einem Topf Crème fraîche langsam erhitzen.
- Im heißen Wasserbad (s. S. 54) Schokolade langsam schmelzen und die Schüssel aus dem Wasserbad nehmen.
- Crème fraîche nach und nach zur Schokolade geben, dabei vorsichtig umrühren. Ganache im Kühlschrank kalt stellen.
- Backofen auf 200 °C (Umluft: 180 °C) vorheizen.
- Tarteteig dünn ausrollen und den Boden der gebutterten Form damit auslegen.
- Teig mit einer Gabel mehrmals einstechen, mit Backpapier belegen, darauf die Hülsenfrüchte geben und 12–15 Min. blindbacken.
- Backpapier und Hülsenfrüchte entfernen und den Teig weitere 8–10 Min. backen. Boden aus der Form lösen und abkühlen lassen.
- Ganache auf den Tarteboden geben.
- Oberfläche mit einem Messer glattstreichen, evtl. mit einer Gabel Muster ziehen. Kalt stellen.
- Da die Schokoladentarte sehr gehaltvoll ist, serviert man nur kleine Portionen, zusammen mit frischem Obst.

Tipp
Die Ganache ist eine schnittfeste Creme, die als Füllung, Verzierung oder Glasur eines Kuchens und als Pralinenfüllung verwendet wird. Soll ihr mit Mokka, einem Fruchtcoulis, Fruchtlikör oder anderen Alkohol zusätzlich Geschmack verliehen werden, empfiehlt es sich, mehr Crème fraîche oder Sahne zu nehmen (zwei Teile Schokolade und ein Teil Sahne oder Crème fraîche). Zur Verfeinerung und erst recht bei Verwendung von Alkohol wird noch etwas Butter untergerührt.

Flan au chocolat

Schokoladenflan

Zutaten für eine Tarteform (26 cm ø):
250 g Tarteteig (s. S. 42)
Butter für die Form
370 ml Vollmilch
370 ml Wasser
4 Eier
210 g Zucker
50 g Vanillepuddingpulver
150 g feine dunkle Schokolade (70%), fein gehackt

- Teig dünn ausrollen. 1 Std. oder länger kühl ruhen lassen (bis zu 1 Tag).
- Gebutterte Form mit Teig auslegen und den Rand 2 cm hoch auskleiden. Nochmals 30 Min. kalt stellen.
- In einem Topf Milch und Wasser erhitzen.
- Eier, Zucker und Puddingpulver schaumig rühren und nach und nach unter Rühren zu der Milch gießen.
- Wenn die Creme zu kochen beginnt, Topf vom Herd nehmen und in ein mit eiskaltem Wasser gefülltes Gefäß stellen. 5 Min. weiterrühren.
- Gehackte Schokolade unter Rühren in die heiße Creme geben.
- Backofen auf 210 °C (Umluft: 190 °C) vorheizen.
- Abgekühlte Creme auf den Teig geben und 1 Std. backen.
- Flan aus dem Ofen nehmen, abkühlen lassen und 3 Std. kalt stellen.

Suggestion de vin de Michel Rousseau
Ein Champagne rosé Jacquesson

Le moelleux au chocolat

Zarter Schokoladenkuchen

Zutaten für eine Springform (26 cm ø):
5 Eier, getrennt
125 g feine dunkle Schokolade
125 g weiche Butter
250 g Puderzucker
125 g Mehl
Butter für die Form
50 g Mandeln, abgezogen und grob gehackt

An einer Marmorstatue im Park von Versailles

- Backofen auf 200 °C (Umluft: 180 °C) vorheizen.
- Eiweiß steifschlagen.
- Im heißen Wasserbad (s. S. 54) Schokolade schmelzen.
- Mit Butter, Eigelb, Puderzucker und Mehl verrühren und Eischnee unterheben.
- Die gebutterte Form mit Mandeln ausstreuen, Teig hineingeben und 50 Min. backen.

Pavé au chocolat noir amer et aux épices douces

Schokoladen-Gewürzkuchen

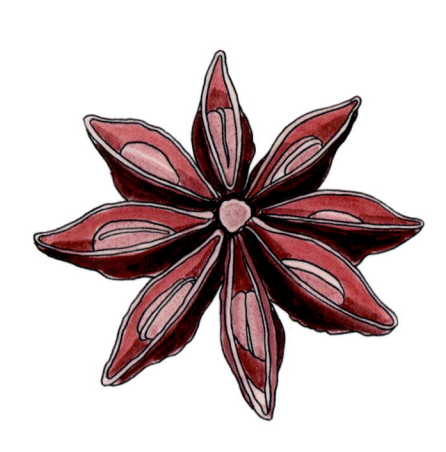

Zutaten für eine Kastenform (30 cm Länge):
100 ml Wasser
250 g Zucker
250 g feine dunkle Schokolade, kleingehackt
250 g Butter, in Stückchen
3 Eier
2 EL Rum
75 g Mehl
1 TL Vanillezucker
1 Prise Salz
je 2 Prisen Zimt, Anis und Kardamom, gemischt
Butter für die Form
Puderzucker, nach Belieben, mit 1 TL Zimt vermischt, zum Bestäuben

- Backofen auf 200 °C (Umluft: 180 °C) vorheizen.
- In einem Topf Wasser und Zucker unter Rühren mit dem Kochlöffel erhitzen.
- Wenn das Zuckerwasser kocht, Schokolade und Butter dazugeben, Hitze reduzieren und weiterrühren.
- Wenn die Masse homogen ist, Topf vom Herd nehmen. Eier einzeln und dann Rum unterrühren.
- In eine große Schüssel Mehl geben und mit Vanillezucker, Salz und Gewürzen vermischen.
- Mischung zur Schokoladenbuttermasse geben und kräftig verrühren.
- Teig in die gebutterte Form füllen und diese in einen Behälter setzen, der bis zur Hälfte mit warmem Wasser gefüllt ist. In diesem Wasserbad 1 Std. backen.
- Abkühlen lassen und aus der Form lösen.
- Mit der Puderzucker-Zimt-Mischung bestäuben.

Suggestion de vin de Michel Rousseau
Ein Clairette de Die

Biscuit au chocolat noir amer

Biskuittorte mit Schokocremefüllung

Zutaten für eine quadratische Backform (40 x 40 cm):
225 g Zucker
5 Eier
200 g Mehl
Butter für die Form
Schokoladencreme (s. S. 108; gleiche Menge)

- Backofen auf 200 °C (Umluft: 180 °C) vorheizen.
- Zucker und Eier weißschaumig schlagen.
- Mehl nach und nach unterziehen.
- Teig in eine gebutterte Backform füllen und 30–40 Min. backen.
- Den erkalteten Kuchen quer in 2–3 Schichten schneiden.
- ⅓ der Schokoladencreme auf einem der Böden verstreichen, den zweiten Boden auflegen, mit dem zweiten Drittel der Creme bestreichen und den dritten Boden auflegen.
- Den obersten Boden und die Ränder mit der restlichen Creme überziehen und die Creme mit einem Messer glätten.

Suggestion de vin de Michel Rousseau
Ein Champagne rosé Jacquesson

Délice au chocolat avec sauce orange-chocolat

Schokoladentraum mit Orangen-Schokoladensauce

Zutaten für eine Springform (26 cm ø):
4 Eier, getrennt
150 g Zucker
200 g feine dunkle Schokolade, kleingehackt
150 g weiche Butter
2 EL Mehl
100 g gemahlene Mandeln
Butter für die Form

Zutaten für die Sauce:
abgeriebene Schale und Saft von 1 unbehandelten Orange
2 EL Zucker
200 g feine dunkle Schokolade (mind. 70%), kleingehackt

- Backofen auf 220 °C (Umluft: 200 °C) vorheizen.
- In einer Schüssel Eigelb und Zucker schaumig schlagen.
- Im heißen Wasserbad (s. S. 54) Schokolade schmelzen und unter die Ei-Zucker-Creme rühren.
- Unter Rühren Butter, Mehl und Mandeln dazugeben.
- Eiweiß steifschlagen und vorsichtig unterheben.
- Teig in die gebutterte Form füllen. 20 Min. backen. Gegen Ende der Backzeit mit einem Holzspieß die Garprobe machen: Bleibt kein Teig mehr daran kleben, Kuchen aus dem Ofen nehmen.
- Nach dem Abkühlen aus der Form lösen.
- Für die Sauce in einem Topf Orangensaft und Zucker langsam erhitzen und umrühren, bis der Zucker sich aufgelöst hat.
- Abgeriebene Schale hinzufügen und zum Kochen bringen. Leicht köcheln lassen, bis ein Sirup entstanden ist.
- Im heißen Wasserbad (s. S. 54) Schokolade schmelzen und dabei mit einem Holzlöffel umrühren.
- Orangensirup zu der Schokolade geben und rühren, bis die Sauce eine zartcremige Konsistenz hat.
- In einer vorgewärmten Sauciere zum Kuchen servieren.

Tipp
Die Orangen-Schokoladesauce passt auch wunderbar zu vielen Obstsorten, z. B. frisch aufgeschnittenen Birnen oder gebackenen Bananen.

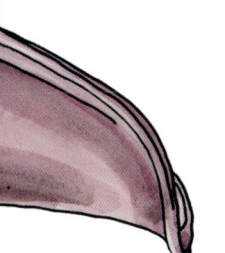

Suggestion de vin de Michel Rousseau
Ein Clairette de Die

Palets au chocolat noir amer et à l'orange
Schoko-Orangenkekse

Zutaten für etwa 50 Stück:
85 g Butter
85 g Puderzucker
abgeriebene Schale von ¼ unbehandelten Orange
1 Ei
1 Eiweiß
170 g Mehl, mit 1 TL Backpulver und 1 Prise Salz vermischt
85 g feine dunkle Schokolade (70%), gehackt

- Backofen auf 210 °C (Umluft: 190 °C) vorheizen.
- Butter schaumig rühren. Puderzucker sieben und mit der Butter glattrühren.
- Abgeriebene Orangenschale mit Ei und Eiweiß mit der Butter-Zucker-Masse vermischen.
- Mehl sieben und unterrühren.
- Im heißen Wasserbad (s. S. 54) Schokolade schmelzen und in den Teig rühren.
- Mit einem Spritzbeutel mit glatter Tülle Teighäufchen auf das mit Backpapier ausgelegte Blech setzen und 10–15 Min. backen.
- Kekse auf einem Kuchengitter abkühlen lassen.

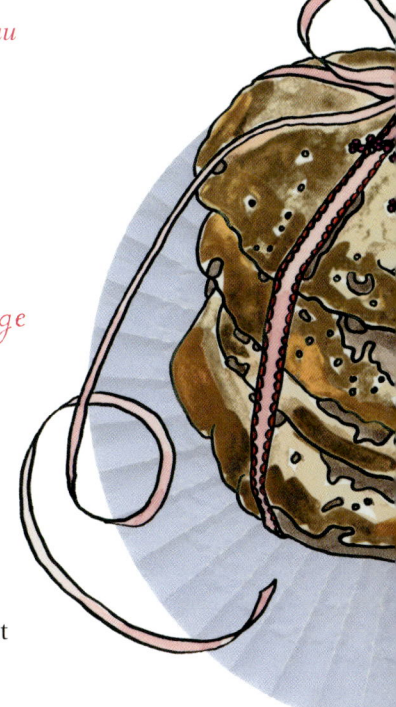

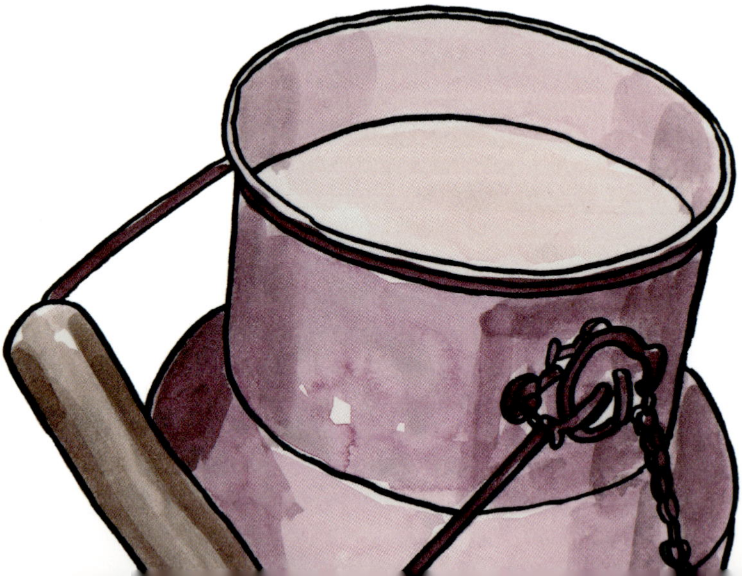

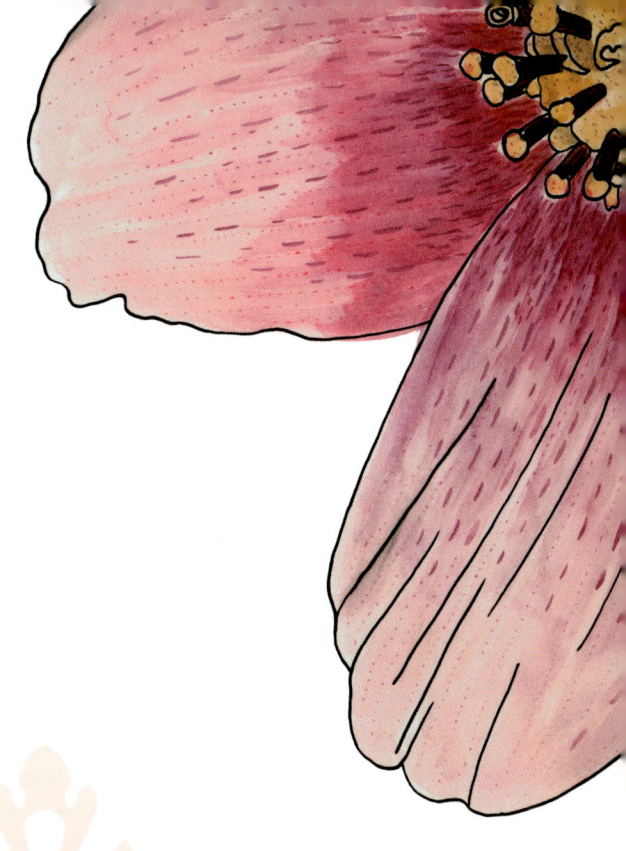

Chapitre dix

Kapitel zehn

Lait et miel à la campagne
Milch und Honig auf dem Lande

Damit wir Kinder dem stickigen und lärmenden Paris ab und zu entkommen und ein bisschen Landluft genießen konnten, sahen sich meine damals noch jungen Eltern nach einem alten Haus um, das nicht mehr als etwa zwei Stunden von Paris entfernt liegen sollte. Fündig wurden sie in der hügeligen Sarthe, einem Departement der Loire. Die Region war zwar wegen ihres milden Klimas und der guten Jagdgründe bei Königen und Adligen beliebt gewesen, wie die vielen kleinen Schlösser dort beweisen, doch ansonsten hatte sie wenig Attraktionen zu bieten. Gerade das genossen wir – keine Touristen, nur herrliche, unberührte Natur und im Vergleich zu Paris himmlische Ruhe. Das vor dreihundert Jahren errichtete ehemalige Bauernhaus Le Piquet ließ sich über die Jahre langsam und behutsam renovieren. Und das alte Gemäuer und der weitläufige Garten mit den alten Obstbäumen steckten voller Geschichten. Die alte Brotschaufel im riesigen Kamin, die unzähligen eisernen Schlüssel, die alte Kleidertruhe auf dem Speicher, die Froschfamilie an der Wasserpumpe, die Lehmmauern der Nebengebäude – all dies fügte sich zu einer kleinen Welt zusammen, in der wir Kinder unendlich glücklich waren.

Unser alter Käfer brachte uns immer zu unserem... ...Landhaus Le Piquet

Dort auf dem Lande pflegten wir freundschaftlichen Kontakt mit Imkern in Coudrecieux und Saint-Michel-de-Chavaignes. Sie stellten nur für den eigenen Gebrauch Honig her, höchstens noch für die Nachbarn. Gerade das machte ihren Honig und die Verbindung zu seinen Erzeugern für uns besonders wertvoll. Er schmeckte aber auch einfach wunderbar!

Mein Vater kannte sich aus. Als junger Mann hatte er sich so für Bienen und Honig begeistert, dass er eine Weile überlegte, Imker zu werden. Er machte daher einen kleinen Ausflug in die Imkerei und lernte von einem Freund der Familie alles, was man über die Honigherstellung wissen muss. Später arbeitete er dann allerdings im Museum, in der Bibliothek und im Rathaus von Saint-Germain-en-Laye, so dass bis auf die Gespräche mit den Imkern aus der Sarthe, den Einkauf und das Genießen des Honigs zuhause nichts von seinen alten Träumen übrig blieb. Aber er begnügte sich damit, und seine Fachsimpeleien über die Vorzüge des *miel d'acacia*, eines zartgelben Akazienhonigs, oder des *miel de tilleul*, eines feinen Lindenblütenhonigs, beglückten ihn voll und ganz.

Der große Kamin in Le Piquet

Kupfertöpfe und Steingutgeschirr im Landhaus

In Le Piquet hatten wir meistens den einfachen *miel de pays*, Landhonig. Er wurde in schlichten Plastikbehältern verkauft, die mit stilisierten Waben bedruckt waren. In Le Piquet haben wir damit oft Honigkuchen gebacken oder Weihnachtskekse damit gewürzt. Überhaupt liebten wir die typischen Backwaren der Sarthe und der anderen Loire-Gebiete, weil sie einfach und schmackhaft sind und den Reichtum der Gegend an guter Butter, Milch und Eiern widerspiegeln. Außer Honigkuchen haben wir auch die aus westlichen Regionen wie der Bretagne stammenden *Quatre-quarts*-Kuchen gerne mit Honig versetzt. Ich erinnere mich, dass wir vorwiegend die Kuchen gebacken haben, die mit vielen Eiern gemacht werden.

Da die Sarthe reich an Apfelbäumen ist, wird dort alles Mögliche mit Äpfeln hergestellt. Zu den bekanntesten Rezepten gehört der *bourdon*, bei dem ein Apfel von einem Brotteig umschlossen wird, den man mit Ei und Butter bestreicht. Berühmt sind auch die *pommes tapées*, die man gern im Winter genießt: Dafür werden ganze Äpfel im Ofen maschinell gepresst und anschließend gedörrt.

Typische Apfeldesserts und Apfelkuchen haben wir durch *père* Jousse kennengelernt. So nannten wir den kleinen, dicken, immer gutgelaunten Bauern in grünen Gummistiefeln, blauer Latzhose und mit großem *béret*, der meinen Eltern sein Elternhaus verkauft hatte, weil es ihm nach dem Tod seiner Eltern für seine dreizehn Kinder zu eng gewesen wäre. So hatten wir das Glück, in einem Sommer Ende der sechziger Jahre das alte Haus inmitten eines goldenen Weizenfeldes mit herrlichem Blick über Hügel und Wälder beziehen zu können.

Kaffeekanne in Le Piquet   *Das Schloss von Semur-en-Vallon*

Man musste *père* Jousse ganz genau zuhören, wenn er erzählte, denn für unsere Pariser Ohren sprach er einen unglaublich breiten Dialekt, das *patois*. Auf seinem eigenen Hof mit Vieh und Äckern unweit des unseren durften wir Kinder uns frei bewegen. Während wir uns ständig bei seiner großen Familie aufhielten, um Kälbergeburten, Ziegenkäseherstellung und andere für uns abenteuerliche Dinge zu erleben, weilte er oft auf ein Glas Rosé bei uns, ließ seinen Blick freudestrahlend über die in der Abendsonne friedlich daliegende Landschaft schweifen und schilderte uns seine Sicht der Welt. Er war an dem Ort glücklich, wo er lebte. *Vive la vie à la campagne!*

Mamie und ihre Mutter bei einem Spaziergang im Grünen

Le Piquet

Père Jousse im Gespräch mit meinem Vater

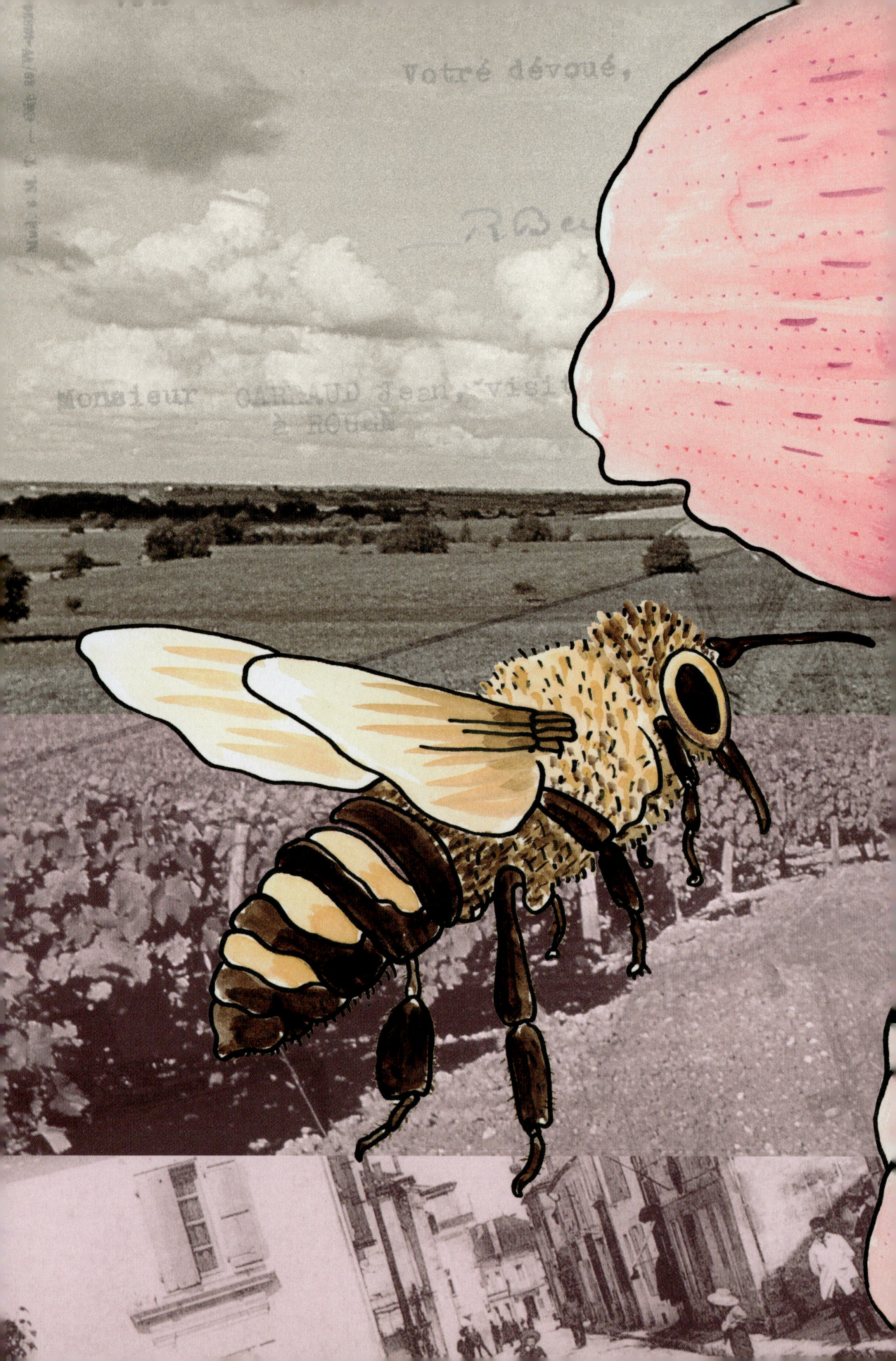
Votré dévoué,
Monsieur

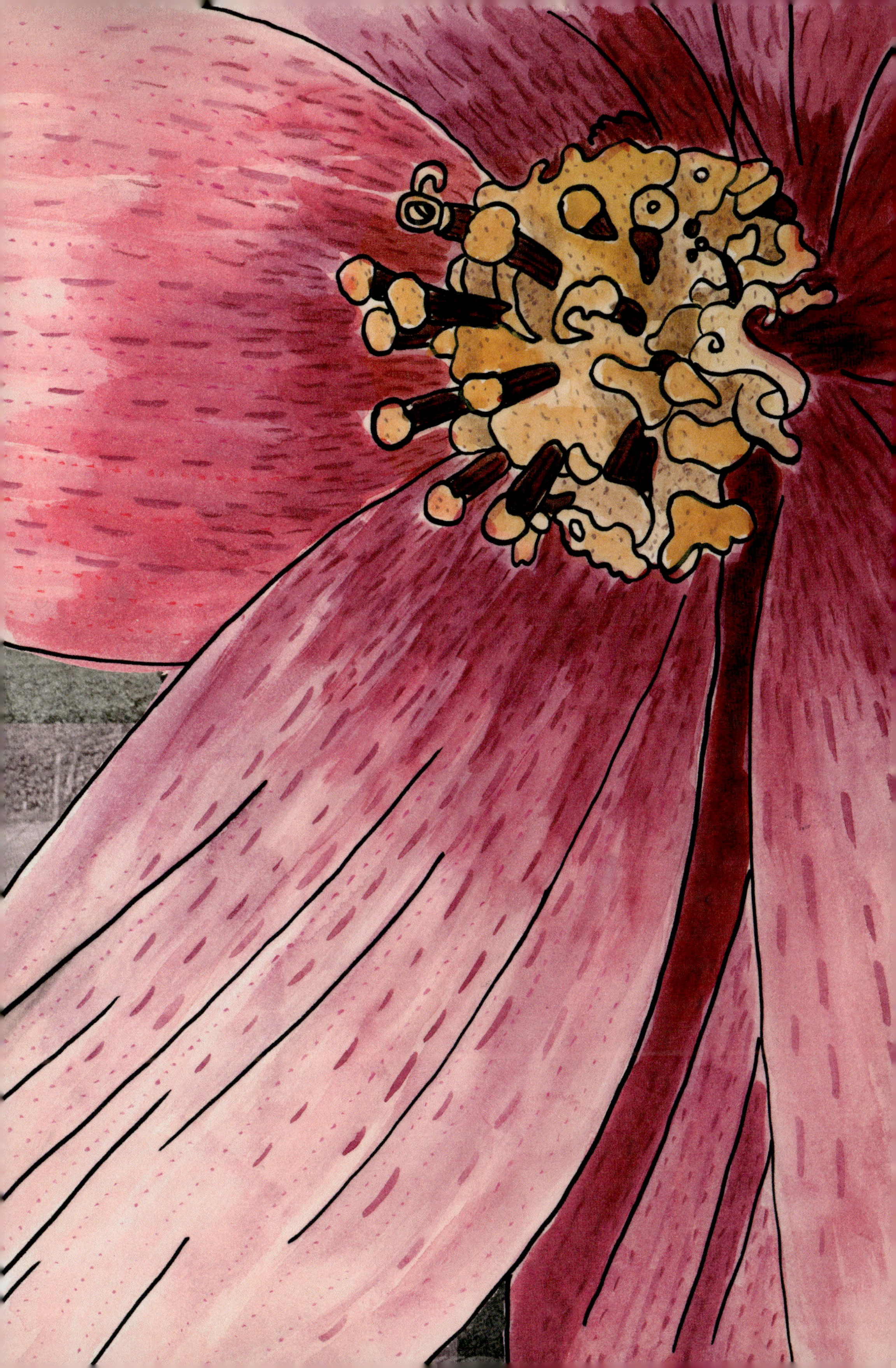

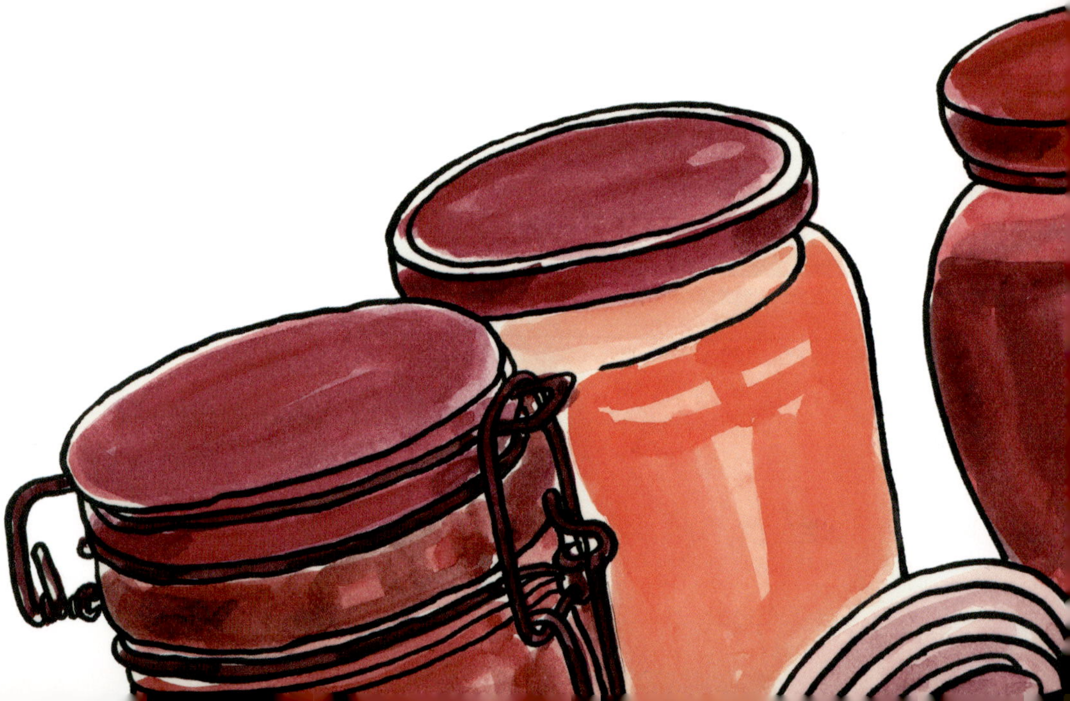

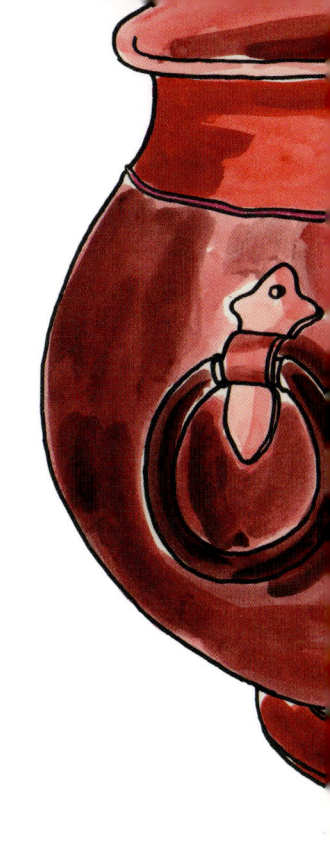

Chapitre onze

Kapitel elf

Les sucreries et les confitures de l'arrière arrière grand-mère Joséphine

Ur-Urgroßmutter Joséphines Süßigkeiten und Marmeladen

Meine Ur-Urgroßmutter, die ich nur aus den Erzählungen meiner Großmutter kenne, hieß Joséphine de Chabert. Mein Bruder Jean-Luc und ich stellten sie uns in unserer kindlichen Phantasie wegen des »de« in ihrem Namen als adlige Dame vor. In Wahrheit war sie Lehrerin, mit dem Schuldirektor Henri-Charles Rousseau verheiratet und wohl überaus wissensdurstig. Sie sammelte und notierte ihr Leben lang einfache und komplizierte Koch- und Backrezepte sowie diverse Haushaltstipps, etwa, wie man perfekte Knopflöcher näht, womit man am besten das Silber putzt und wie man Rotweinflecken entfernen kann. Von ihr habe ich Rezepte für gefüllte Datteln und Grießkuchen, Orangenmousse und Quittengelee. Rezept für Rezept hat die alte Dame in ihrer altmodischen Schrift niedergeschrieben. Ob sie es sich wohl hätte träumen lassen, dass eine Ur-Urenkelin sich eines Tages aufmachen würde, ihren Schatz zu bergen, um sich selbst und vielleicht auch andere damit glücklich zu machen?

Ein Rezept liebte Joséphine besonders – das für *dragées*, die bei keinem unserer Familienfeste fehlen durften, seien es Hochzeiten, Taufen oder Kommunionen. Diese Süßigkeit, die als Fruchtbarkeitssymbol gilt, besteht meist aus einem harten Kern wie einer Mandel, der von Zucker ummantelt wird. Was einmal vor Jahrhunderten zur Konservierung von Mandeln gedacht gewesen war, entwickelte sich rasch zu einer beliebten Leckerei. Wir haben sie für die Familienfeste immer in selbst gebastelte Tütchen gefüllt, die an kleine Schultüten erinnerten und dem jeweiligen Fest entsprechend verziert wurden. Heute gibt es wohl nur noch wenige Franzosen, die *dragées* selbst machen, man kauft sie im Supermarkt, in Patisserien oder Chocolaterien.

Das handgeschriebene Rezeptbuch meiner Ur-Urgroßmutter ist mir auch wegen seiner Marmeladenrezepte teuer, die ebenfalls von Generation zu Generation weitergegeben wurden. Meine Großmutter benutzte zum Marmeladekochen stets einen bauchigen kupfernen Kessel. Kupfertöpfe sind dafür besonders geeignet, da sie die Wärme sehr gut und gleichmäßig leiten.
In Frankreich gibt es eine Adresse, die für Kupfertopfliebhaber von großer Bedeutung ist: Villedieu-les-Poêles, ein hübsches Örtchen in der Normandie, etwa 45 Kilometer vom Mont-Saint-Michel entfernt. Mamies Kessel aber war kein käuflich erworbener – einer ihrer Cousins, der beruflich kupferne Destillierkolben für die Cognac-Herstellung anfertigte, hatte ihn eigenhändig zusammengenietet. Diesen Kessel nahm meine Großmutter jedes Mal mit, wenn sie in den Sommerferien in ihre alte Heimat reiste, um zusammen mit Pierrette Marmelade darin zu kochen. Mamie mit dem Kupferkessel auf dem Schoß im Eisenbahnabteil, das muss ein lustiger Anblick gewesen sein!
Drôle de Mamie!

Meine Ur-Urgroßmutter Joséphine (sitzend) und ihre Schwester

Mit knapp vier

OFFICE : MARMELADES ET PATES — Supprimez
armelade de reines-claudes (dess. 338).
fruits, en ouvrant; mettez-les dans une terrine avec t
eur poids de sucre; laissez-les ainsi pendant
eures; puis, mettez-les dans une bassine
eu doux.
les reines-claudes soit fondues, passez-les
a purée dans la bassine,
dé à la *nappe* (1), sans la quitter
al en verre; couvrez à
vec de l'eau-de-vie, puis couvrez le
t papier, en ficelant. Au bout d'un
r obtenir de la marmelade de ve
dies.

Mamie mit meinem Vater auf dem Arm, 1936

Fig. 338.

224. Marmelade de — On prépare cette marmelade
façons : avec ou sans pepins, il
bassine avec son
elade à la *nappe*.
oises
fruits
a tour
his ; passe

Confitures, gelées et sucreries

Marmeladen, Gelees und Süßigkeiten

Confiture de fraises
Erdbeermarmelade

Zutaten für etwa 4 Gläser à 375 g:
1,1 kg (netto 1 kg) Erdbeeren, gewaschen, trockengetupft, entstielt
800 g Zucker
Saft von 3 kleinen Zitronen

※ In einer Schüssel Früchte, Zucker und Zitronensaft vorsichtig mischen und 12 Std. ziehen lassen.
※ Inhalt in einem großen Kochtopf langsam zum Kochen bringen, dabei vorsichtig umrühren.
※ Bei starker Hitze etwa 10 Min. kochen und dabei gelegentlich umrühren. Nach Belieben die Beeren 2 Min. vor Ende der Kochzeit zerdrücken. Die Marmelade muss nicht abgeschäumt werden.
※ Die Masse anschließend sofort bis an den Rand in zuvor heiß ausgespülte Marmeladengläser füllen. Gläser fest zuschrauben und auf den Kopf stellen, bis die Marmelade vollständig erkaltet ist.

Tipp
Bei der Tellerprobe etwas Marmelade auf eine gekühlte Untertasse gießen und abkühlen lassen. Der optimale Gelierpunkt ist erreicht, sobald die Marmelade nicht mehr fließt und sich eine Haut auf ihr gebildet hat.

Confiture de rose

Rosenmarmelade

Zutaten für 3 Gläser à 375 g:
500 g (möglichst dunkelrote) Rosenblütenblätter
300 ml Wasser
1 kg Zucker
50 ml Rosenwasser
150 g Mandelsplitter

- Den weißen Teil der Rosenblütenblätter mit der Schere abschneiden.
- Die Rosenblütenblätter in eine Schüssel mit dem Wasser legen und über Nacht ziehen lassen, bis das Wasser sich verfärbt hat.
- Rosenblütenblätter abtropfen lassen.
- Das zartrosafarbene Wasser und den Zucker vermischen und erhitzen. Dabei gelegentlich umrühren.
- Zu diesem Sirup die Rosenblätter geben. Die Mischung erhitzen und 1 Min. kochen.
- Das Rosenwasser hinzufügen und nochmals bei kleiner Flamme 5 Min. kochen, bis die Marmelade langsam eindickt.
- Vom Herd nehmen. Mandelsplitter hinzufügen und Marmelade 10 Min. ruhen lassen.
- Alles gut vermischen und die Masse sofort bis an den Rand in zuvor heiß ausgespülte Marmeladengläser füllen. Gläser fest zuschrauben und auf den Kopf stellen, bis die Marmelade vollständig erkaltet ist.

Confiture de framboises et d'oranges

Himbeer-Orangen-Marmelade

Zutaten für etwa 4 Gläser à 375 g:
500 g unbehandelte Orangen
Saft von 1 Zitrone
800 g Himbeeren
fein abgeriebene Schale von ½ unbehandelten Orange
Zucker

- Mit dem Zestenschneider die Schale sehr dünn von den Orangen reißen. Dabei das Weiße der Schale abschälen. Die Orangen selbst werden nicht verwendet.
- Das Weiße der Schale wiegen, kleinschneiden und mit 250 ml Wasser je 125 g Schale in einen Stahltopf geben. Umrühren und 20 Min. ziehen lassen.
- Nochmal die gleiche Menge Wasser und den Zitronensaft hinzufügen und zum Kochen bringen. 5 Min. sanft köcheln lassen.
- Abkühlen lassen und in einem Sieb abtropfen lassen.
- Den so gewonnenen Saft durch ein Seihtuch filtern. Dieses Pektin beiseitestellen.
- In einem Topf Himbeeren mit 100 ml Wasser und der abgeriebenen Orangenschale 5 Min. köcheln lassen, Früchte dabei mit dem Schaumlöffel zerdrücken.
- Vom Herd nehmen, in ein feines Sieb geben und so viel Saft wie möglich herausseihen.
- Den so gewonnenen Himbeersaft abwiegen, die gleiche Menge Pektin und die doppelte Menge Zucker bereitstellen.
- Himbeersaft, Pektin, Orangenzesten und Zucker in einen Topf geben und so lange erhitzen, bis sich der Zucker aufgelöst hat, dann zum Kochen bringen und abschäumen.
- Etwa 10 Min. kochen, bis die Flüssigkeit geliert.
- Die Masse sofort bis an den Rand in zuvor heiß ausgespülte Marmeladengläser füllen. Gläser fest zuschrauben und auf den Kopf stellen, bis die Marmelade vollständig erkaltet ist.

Mamie mit Jean-Luc im Wald von Saint-Germain

Confitures, gelées et sucreries
174

Confiture de mirabelles de la Sarthe
Mirabellenmarmelade aus der Sarthe

Zutaten für etwa 4 Gläser à 375 g:
1 kg Mirabellen, geputzt, halbiert und entsteint (netto 900 g)
Saft von 1 kleinen Zitrone
250 ml Wasser
800 g Zucker

Mamie mit knapp neun Jahren in Segonzac

- In einer Schüssel Mirabellen mit Zitronensaft mischen.
- In einem großen Kochtopf Wasser und Zucker bei geringer Hitze unter Rühren erhitzen.
- Wenn sich der Zucker aufgelöst hat, die Flüssigkeit zum Kochen bringen und abschäumen.
- Nun die Mirabellen hinzufügen und erneut zum Kochen bringen.
- Bei starker Hitze kochen, bis der Sirup Fäden zieht.
- Früchte mit einem Schaumlöffel aus dem Sirup heben und in eine Schüssel geben.
- Sirup bei geringer Hitze eindicken lassen.
- Nach 10 Min. Mirabellen wieder dazugeben, nochmals aufkochen und etwa 5 Min. kochen lassen, bis die Mirabellen sich mit einer Gabel zerdrücken lassen.
- Die Masse anschließend sofort bis an den Rand in zuvor heiß ausgespülte Marmeladengläser füllen. Gläser fest zuschrauben und auf den Kopf stellen, bis die Marmelade vollständig erkaltet ist.

Tipp
Wenn die Mirabellen eher klein sind, werden sie nicht halbiert, sondern nur eingeritzt und entsteint.

1898

t-Esté
gelée
enne
aise
eur

volaille
bœuf
Asp... sauce M...
Petits pois à la fran...
Dindonneaux truffé...

Glace Marie-Louise
Desserts
Vins — Haut Barsac
St Julien - Champagne

Rachel
Reine
crevettes

Monsieur

Gelée de coings

Quittengelee

Zutaten für etwa 5 Gläser à 375 g:
1 kg Quitten, kräftig abgerieben, gewaschen, geviertelt,
entkernt und in Stücke geschnitten
2 l Wasser
Zucker
Saft von 1 kleinen Zitrone

- In einem Topf Quitten mit Wasser 30–40 Min. köcheln lassen, bis die Früchte sich mit einer Gabel zerdrücken lassen.
- Masse in einem sehr feinen Sieb oder einem Tuch abtropfen lassen und Saft in einer Schüssel auffangen. Früchte nicht in das Sieb drücken.
- Den so gewonnenen Saft abwiegen und die gleiche Menge Zucker bereitstellen.
- Im Topf Quittensaft, Zucker und Zitronensaft verrühren und unter ständigem Rühren vorsichtig erhitzen, bis sich der Zucker vollständig aufgelöst hat.
- Zum Kochen bringen und bei starker Hitze etwa 10 Min. kochen. Dabei gelegentlich umrühren.
- Die Masse anschließend sofort bis an den Rand in zuvor heiß ausgespülte Marmeladengläser füllen. Gläser fest zuschrauben und auf den Kopf stellen, bis die Marmelade vollständig erkaltet ist.

Tipp
Das Gelee kann mit Zesten von unbehandelten Orangen oder Zitronen (s. S. 173), 2 Zimtstangen und ¼ TL gemahlenem Kardamon verfeinert werden. Probieren Sie es auch zu Ofenkartoffeln!

Marmeladen, Gelees und Süßigkeiten

Confiture d'oranges de Provence
Provenzalische Orangenmarmelade

Zutaten für etwa 4 Gläser à 375 g:
1,2 kg unbehandelte Orangen mit Schale, in kleine Stücke geschnitten
1 l Wasser
Zucker

- In eine große Schüssel Orangenstücke und Wasser geben und zugedeckt 12–24 Std. ziehen lassen.
- In einem Topf Orangen mit dem Einweichwasser zum Kochen bringen, auf geringe Hitze schalten und 1 Std. köcheln lassen.
- Früchte wiegen und die gleiche Menge Zucker dazugeben. Gut umrühren.
- Mischung zum Kochen bringen und 30–40 Min. bei geringer Hitze köcheln lassen, bis die Orangenschalen glasig werden und der Sirup eindickt.
- Die Masse anschließend sofort bis an den Rand in zuvor heiß ausgespülte Marmeladengläser füllen. Gläser fest zuschrauben und auf den Kopf stellen, bis die Marmelade vollständig erkaltet ist.

Mamie im Garten in Segonzac

y
Confitures, gelées et sucreries
178

Confiture de lait
Vanillecreme

Zutaten für etwa 3 Gläser à 375 g:
1 l frische Vollmilch
1 Vanilleschote
1,1 kg Zucker

✻ In einem Topf Milch, Vanilleschote und Zucker unter Rühren langsam erhitzen, bis sich der Zucker vollständig aufgelöst hat.
✻ Topf ins heiße Wasserbad stellen (s. S. 54). 4–5 Min. unter regelmäßigem Umrühren mit einem Holzlöffel köcheln lassen, bis die Flüssigkeit eindickt.
✻ Wenn die Creme nach etwa 2 Std. goldbraun und honigschwer ist, aus dem Wasserbad nehmen. Nochmals umrühren, heiß in Gläser füllen und diese sofort verschließen.

Tipp
Solche nichtsterilisierte Vanillecreme sollte im Kühlschrank aufbewahrt und möglichst schnell verzehrt werden. Daher nie in zu großen Mengen herstellen. Sie ist übrigens ein klassisches Rezept aus Nordfrankreich.

Marmeladen, Gelees und Süßigkeiten

Truffes au chocolat noir amer et à l'Armagnac
Schokoladentrüffel mit Armagnac

Zutaten für etwa 50 Stück:
30 g Sahne
2–3 EL Armagnac
625 g feine dunkle Schokolade (mind. 70%), kleingehackt
150 g Puderzucker

- In einem kleinen Topf Sahne zum Kochen bringen. Topf vom Herd nehmen. Armagnac hinzufügen.
- Flüssigkeit erhitzen. Nicht kochen.
- Nach und nach Schokolade hinzufügen, dabei ständig mit einem Holzlöffel rühren und darauf achten, dass die gesamte Schokolade gerührt wird und schmilzt. 2 Std. im Kühlschrank kühlen.
- Mit einem Teelöffel Portionen entnehmen und mit kalten Händen Kugeln formen.
- Puderzucker in einen Suppenteller sieben. Kugeln vom Papier lösen und im Zucker wälzen.
- In eine luftdicht verschließbare Dose füllen und im Kühlschrank aufbewahren.

Pâtes de fruits

Geleefruchtwürfel

Zutaten für ein Backblech:
1,5 kg Früchte, z. B. Schwarze Johannisbeeren oder Himbeeren, gewaschen, entstielt
1,5 l Wasser
Zucker
Saft von 1 Zitrone

- In einem Topf Früchte im Wasser kochen, bis sie fast zerfallen sind.
- Früchte durch eine Flotte Lotte passieren, anschließend abwiegen und die gleiche Menge Zucker und den Zitronensaft zufügen.
- Nach etwa 15 Min. wird die Masse dick. 3–5 Tage an der Luft trocknen lassen.
- Getrocknete Masse 2 cm dick auf ein mit Backpapier ausgelegtes Blech streichen und nochmals 3–5 Tage an einem kühlen, trockenen Ort trocknen lassen.
- Masse in Würfel schneiden und in Zucker wälzen. Die *pâtes de fruits* lassen sich sehr gut über einen längeren Zeitraum in Blechdosen aufbewahren.

Tipp
Man kann *pâtes de fruits* auch gut aus Zitronen oder Quitten machen. Man kann sie pur genießen, aber zusammen mit Trockenobst, Mandeln, Nüssen und einem guten, kräftigen Krustenbrot sind sie ein idealer Snack für Gäste. Sie verleihen aber auch einer Vorspeise oder einem Dessert eine besondere Note, etwa einer gepfefferten Gänseleberterrine, einem scharfen, trockenen Ziegenkäse oder einem Bratapfel. Als Bestandteil einer Vor- oder Nachspeise sollten sie in feine Streifen geschnitten werden.

Marmeladen, Gelees und Süßigkeiten

181

Caramels mous au beurre
Weiche Butterkaramellbonbons

Zutaten für eine eckige Backform (40 x 40 cm); ergibt 50–60 Stück:
Mark von 1 Vanilleschote
250 g Zucker
100 ml Milch
80 g Honig
150 g weiche Butter
Erdnussöl für das Backpapier

❋ In einem Topf Vanillemark, Zucker, Milch und Honig mit einem Kochlöffel verrühren und unter ständigem Rühren langsam zum Kochen bringen.
❋ Nach und nach die Butter unterrühren und erhitzen, bis die Masse goldbraun ist.
❋ Blech mit Backpapier auslegen und das Papier leicht mit Erdnussöl bepinseln. Karamell hineinfüllen und abkühlen lassen.
❋ Karamell in Würfel schneiden. Karamellbonbons einzeln in Folie einwickeln.

Familienfoto mit Mamie (mit Hut)

Confitures, gelées et sucreries
182

Caramels au chocolat et au beurre salé

Karamellbonbons mit Schokolade und gesalzener Butter

Zutaten für 80–100 Stück:
125 g Honig
125 g Zucker
60 g Butter
60 g gesalzene Butter
125 g Schokoladenpulver
Erdnussöl für das Backpapier

※ Alle Zutaten in einer Pfanne verrühren.
※ Erhitzen und 7 Min. lang köcheln, bis eine dickflüssige Masse entsteht.
※ Blech mit Backpapier auslegen und das Papier leicht mit Erdnussöl bepinseln. Karamell hineinfüllen und abkühlen lassen.
※ Karamell in Würfel schneiden. Karamellbonbons einzeln in Folie einwickeln.

Bonbons à la rose

Rosenbonbons

Zutaten für etwa 60 Stück:
250 g Zucker
100 ml Wasser
1 TL Zitronensaft oder Essig oder 15 g Glukose
1 EL Rosenwasser
violette Lebensmittelfarbe (oder rote und blaue gemischt)
Öl für das Backblech

- In einer kleinen Pfanne Zucker, Wasser und Zitronensaft (oder Essig oder Glukose) verrühren und erhitzen, bis der Sirup eine mattgelbe Farbe annimmt.
- Pfanne vom Herd nehmen und Rosenwasser und Lebensmittelfarbe unterrühren.
- Noch einmal erhitzen.
- Sirup auf das geölte Blech gießen und etwas erhärten lassen.
- Die noch etwas warme Masse mit einem Messer in kleine Stücke schneiden.
- Bonbons erst auseinanderbrechen, wenn die Masse völlig erkaltet ist.

Tipp

Man kann den Sirup auch in Eiswürfelbehälter aus Plastik gießen. So lassen sich die Bonbons leicht herausnehmen. Eine hübsche altmodische Variante wären Rosenzuckerstangen. Dafür schneiden Sie die Masse in lange, schmale Stücke und verdrehen diese einzeln, so dass eine schöne Form entsteht.

Le Piquet inmitten eines Getreidefeldes

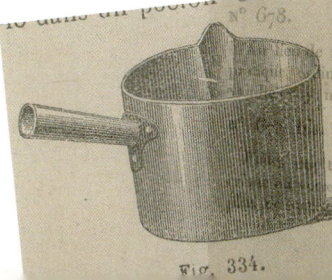

Recettes par ingrédient
Rezepte nach Zutaten

Biscuits et gâteaux simples
Einfaches Gebäck
Bretonische Butterkekse 80
Comtessen-Taler 79
Katzenzungen 81
Kleingebäck aus Sully 69
Korinthenkekse 84
Löffelbiskuits 72
Madeleines 68
Marmorkuchen 19
Pariser Brioche 18

Gâteaux à levure de boulanger
Hefegebäck
Pariser Brioche 18
Rosinenkuchen 22

Semoule et riz
Grieß und Reis
Grießkuchen nach Art meiner Großmutter 21
Reis-Tarte 42

Sucre et miel
Zucker und Honig
Gebackene Baisers 73
Honig-Eissplitter 138
Honigkuchen aus der Bretagne 23
Honig-Mirabellen-Tarte aus der Sarthe 48
Karamellbonbons mit Schokolade und gesalzener Butter 182
Karamelldekoration 111
Karamell-Eis 133
Rosenbonbons 183
Vanillezucker 61
Weiche Butterkaramellbonbons 181
Zimtzucker 61

Lait et crème
Milch und Sahne
Crème brûlée aus der Ardèche 130
Haselnuss-Eis 135
Karamell-Eis 133
Milchcreme 58
Schokoladencreme 108
Schokoladencremetöpfchen 146
Vanillecreme 178

Fruits frais
Frische Früchte
Apfel-Blätterteigtaschen 26
Apfelkuchen aus der Normandie 25
Bananenkuchen 28
Elsässische gedeckte Apfel-Tarte 52
Erdbeer-Charlotte 101
Erdbeermarmelade 171
Feigen-Tarte mit Himbeeren 53
Festlicher Erdbeerkuchen 102
Fruchtcoulis 29

Recettes par ingrédient

Gegrillte und karamellisierte
    Pampelmusen 128
Geleefruchtwürfel 180
Himbeer-Orangen-Marmelade 173
Himbeersirup 87
Honig-Mirabellen-Tarte aus der
    Sarthe 48
Johannisbeer-Baiser-Tarte 45
Karamellisierte Mirabellen mit
    Zitrone 126
Karamellisierte Tarte mit Rotwein-
    birnen 50
Kirschauflauf 24
Mandarinenkekse 86
Mangosorbet 136
Mirabellenmarmelade aus der
    Sarthe 174
Orangenkuchen 104
Orangenmousse 132
Orangen-Schokoladensauce 156
Pampelmusenmousse 132
Pflaumen-Tarte 47
Provenzalische Orangenmarmelade
    177
Quittengelee 176
Quittensirup 87
Reineclauden mit Armagnac 125
Reineclaudenkompott mit Baiser 124
Rhabarber-Tarte 44
Tarte Bourdaloue mit Mandelcreme
    und Birnen 49
Überbackene Feigen mit Estragon
    127
Zitronengetränk 139
Zitronenkekse 85
Zitronen-Tartelettes aus Nizza 60

Fruits secs
Trockenfrüchte

Grießkuchen nach Art meiner Groß-
    mutter 21
Karamellisierte Tarte mit Mandeln,
    Trockenfrüchten und Milchcreme
    58
Korinthenkekse 84
Osterkuchen 100
Rosinenkuchen 22

Noisettes, noix, amandes et marrons
*Haselnüsse, Walnüsse, Mandeln und
    Maronen*

Feigen-Tarte mit Himbeeren 53
Haselnuss-Eis 135
Honig-Eissplitter 138
Johannisbeer-Baiser-Tarte 45
Kaffee-Petits-Fours 76
Karamellisierte Tarte mit Mandeln,
    Trockenfrüchten und Milchcreme
    58
Kleingebäck aus Sully 69
Makronen aus Saint-Émilion 74
Mandarinenkekse 86
Mandelcreme 49
Mandelkekse 83
Mandelküchlein 71
Maronen-Tarte aus der Ardèche 56
Petits Fours neapolitanische Art 78
Rosenmakronen 75
Rosenmarmelade 172
Schokoladentraum mit Orangen-
    Schokosauce 156
Tarte Bourdaloue mit Mandelcreme
    und Birnen 49

Rezepte nach Zutaten

Tartelettes mit karamellisierten
    Walnüssen 54
Zarter Schokoladenkuchen 153

Chocolat
Schokolade
Biskuittorte mit Schokocremefüllung
    155
Karamellbonbons mit Schokolade
    und gesalzener Butter 182
Marmorkuchen 19
Orangen-Schokoladensauce 156
Osterkuchen 100
Schokoladencreme 108
Schokoladencremetöpfchen 146
Schokoladendessert nach Art meiner
    Großmutter 147
Schokoladenflan 152
Schokoladen-Gewürzkuchen 154
Schokoladentarte 151
Schokoladentraum mit Orangen-
    Schokoladensauce 156
Schokoladentrüffel mit Armagnac
    179
Schoko-Orangenkekse 157
Tartelettes mit karamellisierten
    Walnüssen 54
Weihnachtstorte mit Schokolade und
    Cognac 108
Windbeutel mit Sahne und Schokola-
    densauce 148
Zarter Schokoladenkuchen 153

Café
Kaffee
Kaffeemousse 131
Kaffee-Petits-Fours 76
Mokkatorte 110

Alcool
Alkohol
Calvadossorbet 137
Glasierter Lothringer Rum-Baba 106
Karamellisierte Tarte mit Rotwein-
    birnen 50
Kirschwasserkuchen 105
Korinthenkekse 84
Makronen aus Saint-Émilion 74
Reineclauden mit Armagnac 125
Schokoladentrüffel mit Armagnac
    179
Weihnachtstorte mit Schokolade und
    Cognac 108
Zitronengetränk 139

Karneval

Recettes par ordre alphabétique
Rezepte alphabetisch

A
Apfel-Blätterteigtaschen 26
Apfelkuchen aus der Normandie 25

B
Bananenkuchen 28
Biskuittorte mit Schokocremefüllung 155
Bretonische Butterkekse 80

C
Calvadossorbet 137
Comtessen-Taler 79
Crème brûlée aus der Ardèche 130

E
Elsässische gedeckte Apfel-Tarte 52
Erdbeer-Charlotte 101
Erdbeermarmelade 171

F
Feigen-Tarte mit Himbeeren 53
Festlicher Erbeerkuchen 102
Fruchtcoulis 29

G
Gebackene Baisers 73
Gegrillte und karamellisierte Pampelmusen 128
Geleefruchtwürfel 180
Glasierter Lothringer Rum-Baba 106

Grießkuchen nach Art meiner Großmutter 21

H
Haselnuss-Eis 135
Himbeer-Orangen-Marmelade 173
Himbeersirup 87
Honig-Eissplitter 138
Honigkuchen aus der Bretagne 23
Honig-Mirabellen-Tarte aus der Sarthe 48

J
Johannisbeer-Baiser-Tarte 45

K
Kaffeemousse 131
Kaffee-Petits-Fours 76
Karamellbonbons mit Schokolade und gesalzener Butter 182
Karamelldekoration 111
Karamell-Eis 133
Karamellisierte Mirabellen mit Zitrone 126
Karamellisierte Tarte mit Mandeln, Trockenfrüchten und Milchcreme 58
Karamellisierte Tarte mit Rotweinbirnen 50
Katzenzungen 81
Kirschauflauf 24

Rezepte alphabetisch

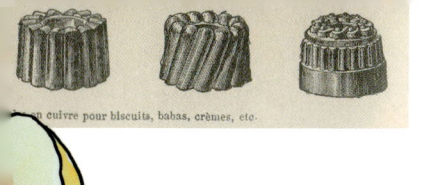

Kirschwasserkuchen 105
Kleingebäck aus Sully 69
Korinthenkekse 84

L
Löffelbiskuits 72

M
Madeleines 68
Makronen aus Saint-Émilion 74
Mandarinenkekse 86
Mandelcreme 49
Mandelkekse 83
Mandelküchlein 71
Mangosorbet 136
Marmorkuchen 19
Maronen-Tarte aus der Ardèche 56
Milchcreme 58
Mirabellenmarmelade aus der Sarthe 174
Mokkatorte 110

O
Orangenkuchen 104
Orangenmousse 132
Orangen-Schokoladensauce 156
Osterkuchen 100

P
Pampelmusenmousse 132
Pariser Brioche 18
Petits Fours neapolitanische Art 78
Pflaumen-Tarte 47
Provenzalische Orangenmarmelade 177

Q
Quittengelee 176
Quittensirup 87

R
Reineclauden mit Armagnac 125
Reineclaudenkompott mit Baiser 124
Reis-Tarte 42
Rhabarber-Tarte 44
Rosenbonbons 183
Rosenmakronen 75
Rosenmarmelade 172
Rosinenkuchen 22

S
Schokoladencreme 108
Schokoladencremetöpfchen 146
Schokoladendessert nach Art meiner Großmutter 147
Schokoladenflan 152
Schokoladen-Gewürzkuchen 154
Schokoladentarte 151
Schokoladentraum mit Orangen-Schokoladensauce 156
Schokoladentrüffel mit Armagnac 179
Schoko-Orangenkekse 157

T
Tarte Bourdaloue mit Mandelcreme und Birnen 49
Tartelettes mit karamellisierten Walnüssen 54

U
Überbackene Feigen mit Estragon 127

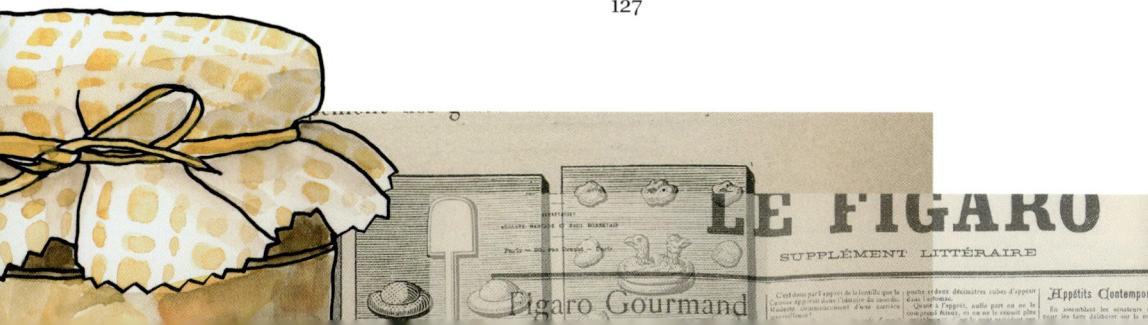

Recettes par ordre alphabétique
190

V

Vanillecreme 178
Vanillezucker 61

W

Weiche Butterkaramellbonbons 181
Weihnachtstorte mit Schokolade und Cognac 108
Windbeutel mit Sahne und Schokoladensauce 148

Z

Zarter Schokoladenkuchen 153
Zimtzucker 61
Zitronengetränk 139
Zitronenkekse 85
Zitronen-Tartelettes aus Nizza 60

Mamie am Strand von Royan

Merci

Ich danke meiner französischen Familie, die mich zu *La vie en rose* inspiriert hat: Mamie, Pierrette, Charlotte, Madeleine, Joséphine und meinem Vater Jean-Pierre. Ihr lebt in den Rezepten weiter! Ich widme *La vie en rose* Amandine, Joël und Ralf, meiner Maman Ilse und meinem Bruder Jean-Luc. Ihr bedeutet mir alles. Margot und Jürgen, ihr fehlt mir.

Ein Buch hat viele Mitgestalter: Mein Dank gilt Stefanie Roth für die tollen Illustrationen und die wunderschöne Gestaltung und meiner Lektorin Bettina Eschenhagen für die hervorragende Zusammenarbeit. Ein *grand merci* an Michel und Joce Rousseau für die Weinempfehlungen aus Tours, an Patrick Rousseau für Fotos, Dokumente und Anekdoten aus der Familie Rousseau. *Toute ma reconnaissance à* François Loeb für die Nutzung des alten Kochbuchmanuskripts und Michael Dyllick-Brenzinger für die Nutzung seiner wunderbaren Sammlung alter Kochbücher. Édouard Cointreau verdanke ich wertvolle Hinweise über unsere Familie in Segonzac: danke dafür! Dank außerdem an Susanne Fitzke und Maud Mensah für die Übersetzungshilfen. Dank an Regina Hummel und Elke Webel für ihre immerwährende Freundschaft und Hilfe. Wenn ihr nicht wärt! Last, but not least: an Katja, die mit mir die Erinnerung an das Paris der siebziger und achtziger Jahre und noch viel mehr teilt, und an Jutta und Nina, die zeitweise mit mir *la vie en rose* sehen. Zum Glück gibt's euch fünf!

Murielle Rousseau-Grieshaber

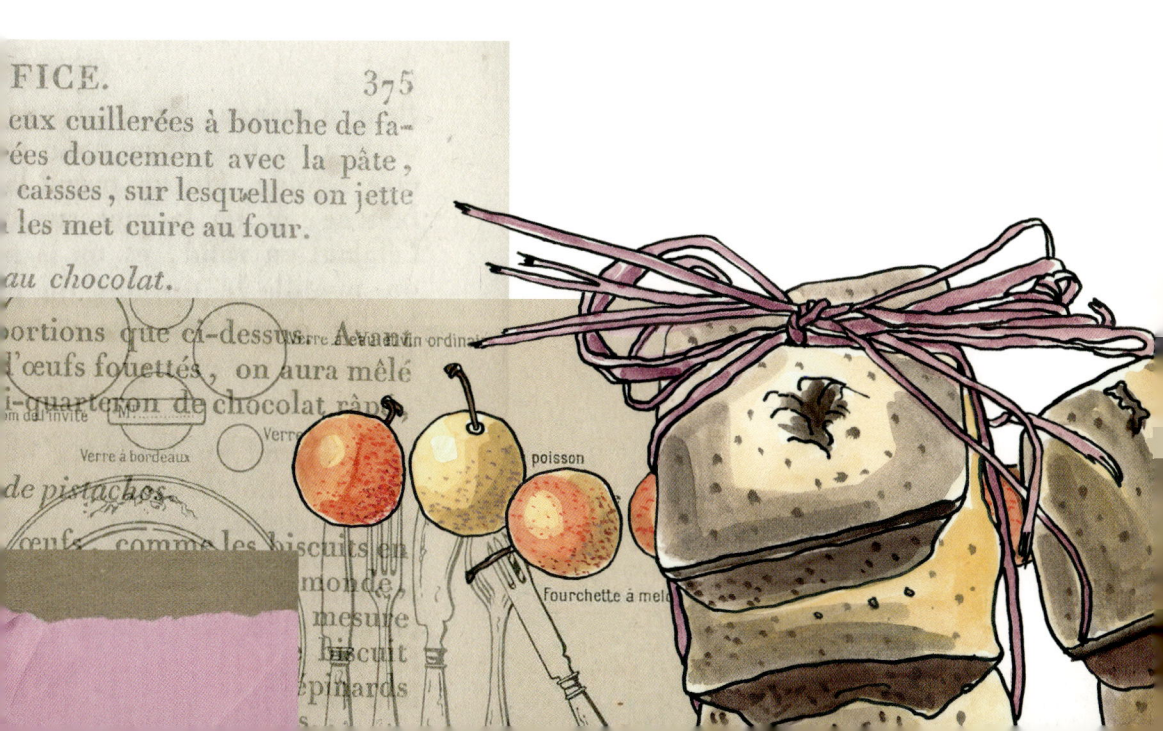

Murielle R. Rousseau-Grieshaber, geboren 1966 in Saint-Germain-en-Laye bei Paris als Tochter einer Deutschen und eines Franzosen, wuchs in Saint-Germain-en-Laye auf und ging mit 19 Jahren nach Deutschland, um dort ihr Studium der Germanistik, Romanistik und Linguistik fortzusetzen. Nach Stationen bei Hamburger Buchverlagen gründete sie 1995 eine Agentur für Presse- und Öffentlichkeitsarbeit für Verlage und Autoren mit Sitz in Freiburg im Breisgau und Berlin. Sie lebt mit ihrem Mann und ihren zwei Kindern in Freiburg. Die Leidenschaft fürs Kochen und Backen verdankt sie ihrer Großmutter und ihrem Vater. 2007 veröffentlichte sie beim Gerstenberg Verlag das Kochbuch *À table! Die wunderbaren Rezepte meiner französischen Familie*, das mit dem Gourmand World Cook Book Award in der Kategorie French Cuisine ausgezeichnet wurde.

Stefanie Roth, geboren 1969, studierte Grafik-Design und Illustration und arbeitet als freie Grafikerin, Illustratorin und Dozentin. Sie ist Leiterin des Fachbereichs Grafik-Design an der Design Schule Schwerin. Für den Gerstenberg Verlag illustrierte sie unter anderem das Buch *Die Winterreise*, das von der Stiftung Buchkunst als eines der schönsten Bücher Deutschlands ausgezeichnet wurde. Sie lebt in Berlin und Schwerin.

✺

Bibliografische Information der Deutschen Nationalbibliothek
Die Deutsche Nationalbibliothek verzeichnet diese Publikation in der Deutschen Nationalbibliografie; detaillierte bibliografische Daten sind im Internet über http://dnb.d-nb.de abrufbar.

Copyright © 2008 Gerstenberg Verlag, Hildesheim
Alle Rechte vorbehalten
Illustrationen, Gestaltung und Satz: Stefanie Roth, Berlin
Lithografie: Sepp Barske, Berlin
Satz aus der Chanson d'Amour und der Utopia
Druck bei Westermann Druck, Zwickau
Printed in Germany
ISBN 978-3-8369-2978-3